ANDRE LAGO

ACADEMIAS DE SUCESSO

COMO EVITAR AS ARMADILHAS DO MERCADO E OBTER SUCESSO NO SEGMENTO FITNESS

Literare Books
INTERNATIONAL
BRASIL · EUROPA · USA · JAPÃO

Copyright© 2018 by Literare Books International
Todos os direitos desta edição são reservados à Literare Books International.

Presidente:
Mauricio Sita

Capa:
Ricardo Barbour

Diagramação e projeto gráfico:
David Guimarães

Ilustrações:
Estúdio Mulata

Revisão:
Daniel Muzitano

Revisão artística:
Edilson Menezes

Diretora de projetos:
Gleide Santos

Diretora de operações:
Alessandra Ksenhuck

Diretora executiva:
Julyana Rosa

Relacionamento com o cliente:
Claudia Pires

Impressão:
Epecê

Dados Internacionais de Catalogação na Publicação (CIP)
(eDOC BRASIL, Belo Horizonte/MG)

L177a Lago, Andre.
Academias de sucesso: como evitar as armadilhas do mercado e obter sucesso no segmento fitness / Andre Lago. – São Paulo (SP): Literare Books International, 2018.
14 x 21 cm

ISBN 978-85-9455-124-5

1. Academias de ginástica – Administração. 2. Sucesso nos negócios. I. Título.
CDD 796.4069

Elaborado por Maurício Amormino Júnior – CRB6/2422

Literare Books International
Rua Antônio Augusto Covello, 472 – Vila Mariana – São Paulo, SP
CEP 01550-060
Fone/fax: (0**11) 2659-0968
site: www.literarebooks.com.br
e-mail: literare@literarebooks.com.br

SUMÁRIO

Agradecimentos		Pág. 7
Prefácio		Pág. 9
CAP. 1	O hospital está de portas abertas aos que trabalham além do necessário	Pág. 15
CAP. 2	Um mentor de valores e a fé ou um deserto sem água?	Pág. 31
CAP. 3	Franquear ou não o negócio?	Pág. 49
CAP. 4	Não contrate alguém que nunca poderá demitir	Pág. 61
CAP. 5	O ego em *fitness*	Pág. 69
CAP. 6	O melhor cliente é o pior vendedor	Pág. 79
CAP. 7	Qual é a hora certa de desligar alguém?	Pág. 91

CAP. 8	*Marketing* digital	Pág. 101
CAP. 9	O chapéu que melhor se encaixa no investidor	Pág. 109
CAP. 10	Crescer sem números é romantismo sem pragmatismo	Pág. 117
CAP. 11	Como contratar o melhor professor de educação física?	Pág. 125
CAP. 12	Como treinar o comportamento dos profissionais?	Pág. 135
CAP. 13	Transparência, a ferramenta que expulsa os poucos comprometidos	Pág. 143
CAP. 14	O que e por que terceirizar, onde e como encontrar parceiros?	Pág. 151
CAP. 15	Reconhecimento tem o efeito de bala perdida	Pág. 161
CAP. 16	Gratidão não se treina	Pág. 171

—— ANDRE LAGO ——

AGRADECIMENTOS

Agradeço a Deus por ter nascido com saúde e com um corpo perfeito, por estar sempre presente em minha vida, e por mostrar que de uma maneira ou de outra, os caminhos que Ele escolhe são melhores do que os meus. Posso ter encontrado, um dia, problemas na saúde ou nos negócios, mas a força divina para a grande virada sempre esteve disponível.

Serei eternamente grato ao meu pai, Carlos Soares, que já partiu, e à minha mãe, Cida, braço-direito na contabilidade de meus negócios. Muito obrigado pela educação que me facilitaram, por todo o amor e dedicação.

Quero agradecer pelo apoio de meu irmão Fausto, incansavelmente presente quando precisei.

ACADEMIAS DE SUCESSO

Um agradecimento especial para a minha esposa Renata, que além de estar ao meu lado durante os períodos de grandes desafios, foi determinante para o desenvolvimento mental, espiritual e emocional de minha vida, além de me presentear com os maiores tesouros que a existência poderia conceber, os nossos três filhos; Marina, Bernardo e Rafaela. Você, Rê, tem o dom de me fazer entrar em "estado de presença".

Não poderia deixar de agradecer a cada pessoa que passou por minha vida, a todos que de uma forma ou de outra, me ajudaram a evoluir.

Agradeço também àqueles que me prejudicaram. Sem vocês, o livro não teria sido escrito, o meu software não teria se desenvolvido e eu não seria um pai, amigo e líder mais completo. Esse parágrafo é um agradecimento dedicado a cada "Judas" que passou pela minha vida. Se até Jesus precisou de um cara com esse perfil para completar sua jornada, quem sou eu para me abster?

Agradeço ao mentor Rodrigo Cardoso, que tem papel fundamental na minha evolução, em todos os sentidos.

E por fim, a todos os meus amigos *Power Minders*, em especial aos dois que sempre apoiaram a realização da obra; Arthur Zboralski e a Maria Cecilia Fricke Chohfi.

PREFÁCIO

Se a sua academia fosse um avião, você deveria ser o piloto. Concorda comigo?

E todos nós sabemos que a função do piloto é comandar a aeronave. É fazer com que ela atinja o objetivo, ou seja, chegue ao destino da melhor forma possível. A ideia é garantir que todo o resto funcione perfeitamente bem e que todos cheguem são e salvos, saudáveis e satisfeitos.

Porém, percebo que muitos empresários, donos de academias, se fossem comparados a um piloto, estariam de igual modo fazendo o papel dos comissários de bordo: servindo água aos passageiros, em vez de comandar o voo.

Se você é ou pretende ser dono do seu próprio negócio, gostaria de propor uma provocação, uma reflexão importante:

ACADEMIAS DE SUCESSO

— Se, na sua empresa, você está servindo os clientes, quem está pilotando a máquina? Quem está planejando a melhor rota? Quem está garantindo que o objetivo será alcançado de forma segura e satisfatória?

Historicamente, academias são negócios lucrativos e deveriam dar uma qualidade de vida incrível aos seus proprietários. Mas, infelizmente, muitos deles acabam esquecendo de olhar para o essencial: o painel do avião.

Claro que servir bem o cliente é fundamental, e para isso devem contratar os melhores profissionais. Mas verificar as métricas e os dados de base da sua empresa é visceral. Quando você negligencia essa função e vai para o operacional, iludido de que é aí que está o cérebro do seu negócio, termina deixando seu avião totalmente à deriva.

Como se fosse hoje, ainda me lembro de quando o Andre Lago chegou ao grupo de empreendedores altamente bem-sucedidos que eu tenho a honra de liderar. Ao conhecer a jornada de transformação pela qual ele havia passado, senti uma admiração imediata. O Andre viveu uma história das mais incríveis que já vi em minha vida.

Comandar não uma, mas algumas academias de sucesso, e ainda ter tempo para usufruir esse sucesso com sua esposa e filhos, poder viajar e curtir a vida e continuar prosperando não é algo que se faça sem muita garra, conhecimento, determinação e coragem.

ANDRE LAGO

E toda essa expertise é resultado de alguns aprendizados dolorosos e intensos. Andre quase deixou o avião cair, o que lhe custaria a própria vida. Mas o modo como lidou com o caos fez com que se tornasse não só um líder admirável, como também um ser humano ímpar.

E por termos nos tornado grandes amigos, tive a honra de ser convidado para apresentar essa obra a você, sábio leitor.

Tenho como missão ajudar as pessoas a levarem suas vidas para o próximo nível. Perceba que eu disse "suas vidas", e não seus negócios. Pois se você já quebrou uma empresa, já perdeu um casamento por causa do trabalho, já ficou muito acima do peso, já teve sérios problemas familiares, seja com seu cônjuge ou seus filhos, por causa das demandas que são impostas a qualquer dono de negócio, sabe que levar a sua empresa para o próximo nível não é o suficiente. Mas levar sua vida para um nível acima de qualidade, tempo, paz e prosperidade é o que vai impactar diretamente o resultado do seu empreendimento.

Foi o que Andre Lago aprendeu. Ele percebeu que sua dor era a dor de muitos proprietários. Entendeu que o papel de um piloto de avião é olhar os instrumentos. Ou seja, o mundo dos negócios exige que você tenha clareza dos números e métricas e, ao mesmo tempo, consiga olhar o entorno, o que acontece ao redor com seus clientes, parceiros e familiares.

―― **ACADEMIAS DE SUCESSO** ――

Eu sei que para muitos empreendedores acostumados a vender, fazer dinheiro, gostar da área comercial, de atender as pessoas, falar em números pode gerar uma aversão. Com muita sabedoria, Andre Lago percebeu isso e levantou uma bandeira.

A bandeira de ajudar você a entrar nessa jornada junto com ele e descobrir como uma academia pode te dar liberdade financeira, paz, prosperidade e qualidade de vida acima do comum. Como pode ser altamente lucrativa, desde que você aprenda o passo a passo. Aquilo que fará você perceber que é mais simples do que imagina olhar o painel do seu avião. E isso pode literalmente salvar sua vida, como você vai constatar já no primeiro capítulo dessa magnífica obra.

Quem tem o privilégio de conhecer Andre Lago e sua família, como eu e minha esposa temos, sabe que a sua missão vai muito além. Incansável, com o programa Academias de Sucesso, ele conseguiu facilitar a vida de muitos donos de academia que não sabem nem por onde começar. Montaram seu empreendimento de maneira intuitiva e agora estão perdendo sua vida. E o pior, muitos nem estão encontrando lucro com isso.

Andre criou um método simples de aplicar, mas que pouquíssimas pessoas têm acesso. Um método para tornar sua academia controlável e autogerenciável, lucrativa e possível de proporcionar a você a qualidade de vida que poucas pessoas têm.

ANDRE LAGO

Por isso, convido você a mergulhar nas próximas páginas, assim como eu fiz, porque é como sempre digo em meus treinamentos:

"Faça o que poucas pessoas estão dispostas a fazer, para ter resultados que poucas pessoas têm".

Desejo a você uma ótima leitura e que, principalmente, aplique os princípios da obra, para ter os resultados que você merece!

Rodrigo Cardoso

Criador do Programa Ultrapassando Limites

CAPÍTULO 1

O hospital está de portas abertas aos que trabalham além do necessário

CAPÍTULO 1

Nenhum publicitário que goze de boas condições mentais colocaria um anúncio desses a veicular. Seria assustador encontrar uma placa com tais dizeres e feriria o tabu de não admitir algo quase generalizado; trabalhamos tanto que parecemos ansiosos para adoecer.

Não é proposital. Quando se percebe, a desordem na agenda abarrotada de compromissos "inadiáveis" preencheu quase a totalidade do espaço e a pessoa se põe a repetir frases para justificar o tempo perdido.

— Não tive tempo de fazer quase nada nesta semana!

— O mês voou!

— Como este ano passou rápido!

ACADEMIAS DE SUCESSO

Assim aconteceu com ele. Estava trabalhando até 18 horas por dia. A vida cobraria e aquela manhã chuvosa anunciava a chegada desse instante de ajustar as contas. O primeiro diagnóstico não foi do médico. A esposa, leiga sobre as questões da medicina, mas experiente em amor e devoção, detectou tromboembolismo pulmonar bilateral. Ela acertou e 80% do seu funcionamento pulmonar estava comprometido.

Internado, ele ficou dependente de uma estrutura médico-hospitalar. Ali, no leito, sentindo o cheiro de éter tão presente nesses ambientes, viu-se a pensar em tudo que construiu e teve a sensação de que falhara em alguma coisa.

Chegou a hora da visita. Ele descobriu, por meio da esposa, que sua filha estava desesperada para visitá-lo. Segundo a política do hospital, a pequena não tinha idade suficiente para subir ao apartamento em que estava internado.

— É uma pena. Regras do hospital! – disse a esposa.

Eu sei, parece que iniciei a obra narrando a história de alguém, ou quem sabe, o início de um drama. Nada disso. Aconteceu comigo e você de fato adquiriu um livro que vai passear pela arte de empreender.

Antes de repertoriar as lições aprendidas por meio da vivência como consultor e empresário de uma rede de academias, devo começar narrando aquilo que não deve ser feito.

ANDRE LAGO

Meu coração de pai e marido parecia comprimido por um súbito temor e quando percebi, estava refletindo e interagindo com o próprio medo, conversando com as profundezas do inconsciente representadas pelo fantasma da consciência que surge como um choque em momentos tensos.

O apoio dos familiares era incondicional, mas acamado e com medo do que viria, fui o próprio agente da merecida reprimenda e me fiz algumas perguntas.

E aí, Andre, caiu a ficha? Se você não sair daqui vivo e não conseguir ver a sua filha pela última vez, como fica, cara?

— Agora que tá aí, qual é a vantagem de ficar 18 horas no trabalho?

— Você achou mesmo que fosse de ferro?

— Você imaginou que pela condição de atleta, estaria ileso de problemas com a saúde?

A cada pergunta formulada no recôndito da intimidade, sentia a impotência de não ter uma resposta da qual pudesse me orgulhar.

Precisava reagir. Lastimar nunca trouxe saúde a ninguém. O ponto de partida seria deixar as lamúrias e em seguida, lutar para ver-me distante daquele lugar. O bônus, o verdadeiro presente advindo dessa luta, seria o abraço de muitos que estavam do lado de fora torcendo por minha recuperação.

— ACADEMIAS DE SUCESSO —

Em especial, um abraço tornou-se objeto inestimável da meta de sair dali: o da filha, impedida de subir ao apartamento para me visitar.

Felizmente, sobrevivi e agora, que tenho a grata oportunidade de dividir as experiências do empreendedorismo e da vida, vou narrar detalhes desse evento para inspirar os leitores sobre uma "conta" que nem sempre fecha:

VALORIZAÇÃO À FAMÍLIA +
ORGANIZAÇÃO DAS AGENDAS
PROFISSIONAL E PESSOAL = ?

Após o susto, entendi que a família, minha grande paixão, merecia que tirasse daquilo tudo um saldo produtivo e pensei:

Cara, se organize e tenha momentos seus, pra cuidar da própria saúde!

Do outro lado, minha empresa continuava a crescer. Quanto maior se tornava, mais requeria tempo e dedicação. O susto passou, e a demanda de lidar da melhor maneira com o trabalho e a família ficou. Foi aí que aprendi a organizar o próprio tempo, gerenciar prioridades e delegar tarefas, além do clichê que o verbo "delegar" possa sugerir.

Sei que outras pessoas vivem semelhante dilema e, por isso, dividir as experiências passou a ser quase obrigação. Afinal, o verbo do futuro é compartilhar.

Aprendi por meio da dor, e não precisa doer em você. Organizei minha vida assim que o furacão da doença a atingiu em cheio. Você pode organizar a sua enquanto experimenta boa saúde, prevendo condições meteorológicas que apontem os furacões.

Nos tempos de criança, o futebol representou para mim uma paixão. Participava de todos os campeonatos possíveis. Depois vieram as artes marciais, às quais me dediquei por 16 anos; Caratê, *Muay Thai, Kickboxing, Kung Fu* e *Jiu-Jitsu*. Disputei também campeonatos em algumas dessas modalidades, até descobrir que gostava mesmo de musculação. Como sempre fui do tipo competitivo e amava o esporte, entrei para o universo do fisiculturismo. Tornei-me esportista da modalidade e durante anos, trabalhei com *performance* estético-corporal.

O excesso de atividades e compromissos que assumi exigia uma espécie de onipresença. Além de dirigir o próprio negócio, atuava como consultor de vários empresários que me procuravam.

Trabalhava tanto que comecei a perder regularidade no treino físico. Ora treinava, ora não treinava. Ainda assim, teimoso, não aceitava que a *performance* caísse. Treinava menos e queria manter o mesmo desempenho. Certo dia, decidi encarar um supino reto pesado, com 170 Kg.

Terminei a série, coloquei a barra de ferro no suporte e segui para um mergulho nas paralelas. Assim que fiz o movimento, senti o ombro deslocar-se. O treinador ofereceu ajuda. Eu me assenhorei daquela típica voracidade de quem malha com tudo e disse a ele, sem hesitar:

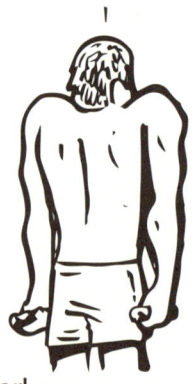

— Vou continuar!

Das paralelas, fui direto para o hospital e depois de examinado, o médico foi incontestável.

— Vou colocar o seu ombro no lugar e fazer uma ressonância para avaliar o tamanho do estrago.

Naquela ocasião, nada se verificou. Trinta dias se passaram. Comecei a mancar e vou detalhar como fui salvo por Renata, minha esposa.

Durante uma feira do segmento de *fitness* em que eu não faltava de jeito algum, um curso estava programado e eu queria participar. Fui fazer parte do evento, mesmo mancando. No primeiro dia, combinara um almoço com Fausto, meu irmão, nas imediações da feira. Assim que me viu, ele achou estranho e decidiu perguntar.

— Você está manquejando. O que houve?

— Eu não sei. Sinto muita dor na panturrilha, o que é estranho, já que não treinei esse grupo muscular nos últimos dias.

— Andre, vá verificar o que tá acontecendo e descubra a origem de tanta dor! – aconselhou, preocupado, meu irmão.

— Renata acha que é tromboembolismo pulmonar. Escarafunchou a internet e cismou que apresento todos os sintomas. Tá com a ideia fixa, coisa de esposa preocupada.

— Entendo a preocupação dela. Insisto para que vá se consultar com um especialista.

Prometi ao Fausto que faria isso assim que terminasse a feira e nos despedimos. No dia seguinte, seria aniversário de meu sogro numa churrascaria e

Marina, minha filha, estava com febre alta. Renata mais ordenou do que pediu.

— Andre, vá trocar de roupa. Vou levar Marina ao médico e você vai conosco!

Fomos ao Hospital Samaritano e enquanto ela levava nossa filha ao atendimento infantil, segui para a triagem de adultos. A profissional perguntou o que eu estava sentindo e não escondi nada.

— Estou mancando, com muita dor na panturrilha e tive uma arritmia[1] há dois dias.

Já a Renata não sabia dessa arritmia. Omiti a verdade para amenizar suas preocupações. O fato é que durante a madrugada anterior à feira, meu coração estava disparado, como se fosse enfartar ou tivesse corrido 100 metros em ritmo acelerado.

— O senhor sofreu algum acidente? – investigou a profissional.

— Há trinta dias, tive um problema no ombro. Tava treinando forte demais e o desloquei.

— E o senhor por acaso fez alguma viagem longa de avião?

— Sim. Faz dois meses que voltei de Orlando.

Com a agilidade típica de grandes profissionais,

---

[1] Arritmia: batimento cardíaco muito rápido, fora das condições consideradas saudáveis.

não questionou mais nada. Pediu que esperasse, colocou-me uma pulseira de identificação e me conduziu até a sala da radiografia.

Tão logo fiz o exame, um grupo de médicos e enfermeiros surgiu. Vinham correndo em minha direção, visivelmente preocupados.

Deitaram-me num leito, aplicaram-me um trombolítico[2] na barriga e um deles procurou ser o mais natural possível.

— Pronto. O senhor não morre mais!

Creio que o médico percebeu meu semblante assustado e resolveu explicar melhor.

— O senhor está com 80% de tromboembolismo pulmonar e nesse exato instante, tem 20% da capacidade de funcionamento.

— Como isso é possível, se estou respirando bem?

---

[2] Trombolítico: fármaco também conhecido como fibrinolítico, usado para dissolver trombos sanguíneos e evitar a trombose.

— Vou ser franco. O senhor não vai sair tão cedo do hospital. Seu quadro leva a um rigoroso tratamento.

Ele não exagerou. Foram 29 dias de internação, exames e tratamento, boa parte na unidade de terapia intensiva, sem que pudesse ao menos mudar de posição na cama.

— Cara, você nasceu de novo!

Foram as palavras de Renata. Seu instinto feminino de proteção salvou a minha vida antes mesmo que a ciência soubesse o que estava acontecendo. Sem ela, eu não estaria aqui para narrar tudo isso e outra pessoa também salvou minha vida, circunstancial e indiretamente; Marina, minha filha. Não fosse a inexplicável febre que a levou ao hospital, eu também não teria ido e mais que isso: naquele domingo havia me programado para um dos exercícios que mais exigem capacidade pulmonar, a corrida. Muito provavelmente, teria enfartado.

O coágulo não pode se movimentar pelo corpo, que deve ficar o mais inerte possível. Desesperado, pedia pelo amor de Deus um banho de verdade, em vez daquela higienização com toalhas umedecidas. Momentos de impotência e fragilidade como esses nos levam a devanear com uma profundidade nunca atingida e me vi refletindo.

Quando as circunstâncias nos furtam coisas mais simples como tomar um banho, estar com a família ou repousar no sofá de casa, é hora de rever prioridades, valores e escolhas.

ANDRE LAGO

Aprendi e até a última página, vou compartilhar tudo o que tirei de lições, para que você possa ser excelente no trabalho sem abrir mão dos valiosos momentos em família.

Eu dirigia quatro academias, sendo duas corporativas, instaladas em grandes empresas ou condomínios, e duas convencionais. Em 2013, cheguei a assumir cinco unidades, porém, já adotando a estratégia de reduzir grandes responsabilidades. Hoje, possuo duas grandes unidades da *Just* Academia.

Lidero um pequeno e organizado exército de colaboradores, presto consultoria e dentre tantas atividades, aprendi a priorizar a relação familiar. Tudo isso se faz possível por duas razões. Sou muito pontual e o tempo é meu limite.

É o tempo que me permite medir quantas pessoas posso ajudar, quantas reuniões presenciais ou digitais devo agendar, quantos clientes consigo atender ao mesmo tempo e assim por diante.

Depois que deixei o hospital, confesso que foi necessário um tempo de readaptação ao novo estilo de viver com disciplina e gestão do tempo. Não demorou muito e estava entrando no ciclo do passado, mas com uma diferença: agora eu tinha **consciência** de que não poderia e nem deveria trabalhar em excesso. O cérebro estava reprogramado. Bastava identificar o comportamento reincidente de trabalhar demais e parava tudo para me reorganizar, guiado pela reflexão que no futuro se tornou um **valor** a ser seguido em minha vida: por mais que eu adore o que faço, não quero voltar a empreender 18 horas de mergulho no trabalho. Tenho uma família que é minha paixão!

Nas entrelinhas de algo que eu mesmo tinha criado, algo mais foi depreendido.

UTILIZAR A ATIVIDADE FÍSICA E A CULTURA DA QUALIDADE DE VIDA COMO AGENTE TRANSFORMADOR EM UM AMBIENTE MODERNO E AGRADÁVEL, COM ALTO GRAU DE PROFISSIONALISMO E O MELHOR ATENDIMENTO.

Eis a missão da *Just* Academia. Enquanto praticamos a bússola existencial da empresa, todos os dias, uma família me aguarda e nunca mais vai esperar além do necessário.

Se aquele que empreende prioriza a cultura da qualidade de vida para os clientes que atende, deve viver segundo a mesma perspectiva. Praticar essa teoria mudou minha vida e gerou mais prosperidade, contrariando a velha crença de que, para obter sucesso nos negócios, o gestor precisa estar à frente e de olho em tudo.

Levantar peso é uma saudável prática da musculação para melhorar a *performance* física, mas carregar peso na consciência sempre será prejudicial e com toda a certeza, vai abrir portas para a depressão.

É preciso pensar além do óbvio e para isso, na conclusão do primeiro capítulo, não abro mão de apontar para algo que você precisa saber.

A utilidade do relógio é orientar as horas, nada mais. É um mero objeto com ponteiros de tamanhos desiguais. Entretanto, ele representa o tempo e esse sim é o zelador da vida, a nota musical que dita o ritmo da existência.

Aos que desejam o sucesso nos negócios, por mais difícil e doloroso que possa parecer, eis as primeiras duas equações que devem ser resolvidas: gerenciar o tempo e delegar com sabedoria. Ambas as ações facilitarão que se priorize o bem maior de todos, a família.

Os olhos e a razão devem estar voltados para o relógio, enquanto o coração e a emoção precisam **contemplar** e gerenciar o tempo pela mais ampla perspectiva. De outra forma, há quem tente **controlar** o tempo e até hoje, nunca conheci quem tivesse conseguido.

A maior insanidade é falar sobre equilíbrio entre vida pessoal e profissional. Vivemos apenas uma vida, composta por momentos em que precisamos colocar mais energia em uma área e com certeza, menos energia em outra. Mas existem acordos que precisam ser feitos, regras e valores próprios que não deixam você falhar com o propósito ou as pessoas.

O avião é um ótimo exemplo para essa reflexão. No momento da decolagem, exige maior acionamento de energia, bem mais do que o necessário para mantê-lo em velocidade de cruzeiro. A aterrissagem, outra vez, exigirá maior esforço da máquina. Durante a viagem, entretanto, nota-se uma estabilidade no consumo energético.

Toda empresa funciona assim. Mantê-la o tempo todo com a mesma necessidade de energia da inauguração, vai impedir que o empresário viva as melhores experiências que a vida pode oferecer. A diferença entre o avião e a empresa é que o primeiro precisa pousar e a empresa deve ser mantida lá em cima, firme e saudável, prosperando cada vez mais.

Ao inserir doses erradas de energia, pode acontecer aquilo que se vê com muita frequência: a empresa aterrissa, exausta, sem combustível, e declara sua falência.

No passado, mais imaturo como homem de negócios e de forma inconsciente, imaginei que seria possível controlar o relógio e quando me dei conta, estava doente. Em vez da tentativa de conciliar vida pessoal e profissional, aprendi que o único tempo passível de controle é o da própria pessoa.

Aprendi que somos a boa "mistura única" daquilo que fazemos de melhor, em família e, em equipe, no trabalho. Sugiro que aprenda isso com urgência e lembre-se da imaginária placa que abriu este capítulo: o hospital está de portas abertas aos que trabalham além do necessário.

CAPÍTULO 2

Um mentor de valores e a fé ou um deserto sem água?

CAPÍTULO 2

Quem ainda tem pai vivo e ao seu lado precisa pensar nisso. Quem não goza do mesmo privilégio, merece tê-lo como mentor de oportunidades.

Sem fé, não significa que seja impossível empreender. Porém é inegável que se torna mais difícil.

Vamos entender, trecho por trecho, o que quero dizer...

Em 2011, Marina era filha única. Depois do susto narrado no primeiro capítulo, em 2012, nasceu Bernardo. Mais dois anos e a família ficaria completa com a chegada de Rafaela. Ainda no primeiro capítulo, comentei sobre a saudade da filha Marina, cuja idade esbarrava na política do hospital. A vontade de abraçar minha filha ficou engavetada por mais de uma quinzena e em cada um desses dias, temi que nunca mais fosse possível. O fato é que o pai da Marina, do Bernardo e da Rafaela agora não passa mais vontade.

Na vida de grandes empreendedores, a pressão é parte inegociável e indissociável da rotina. E as coisas simples contribuem mais para o sucesso do que o clichê "coisas simples" sugere.

O cafezinho em boa companhia assim que desenrola uma situação intrincada. O almoço com um velho amigo, não para uma conversa de negócios, mas quem sabe para discutir o hobby em comum. Uma paradinha rápida no corredor da empresa para escutar a senhora da limpeza, ansiosa para dividir com alguém as peraltices da netinha.

São essas "pequenas coisas" que desaceleram o galopar do estresse e abrem espaço para o empreendedor se concentrar naquilo que faz de melhor.

Além das coisas simples, a presença do pai faz toda a diferença na vida de quem empreende. Isso ocorre, e falo por experiência, porque o pai enxerga aquilo que o filho não consegue ver, constrói pontes que o filho não sabe edificar e destrói os problemas nocivos para os negócios ou a saúde do filho. Vou provar o que estou dizendo...

Desde garoto e no decorrer da vida, tive tantas doenças que criei uma espécie de couraça, talvez fortalecido pelo enfrentamento desses males e pela família, composta por pessoas de muita fé. Por isso, atravessei o período de internação e o risco de morrer com relativa tranquilidade. Eu me recordo que uma pessoa de fé inabalável, indicada pela prima, foi até o hospital, atendendo ao pedido de minha esposa, para que rezasse em favor de meu restabelecimento. Alexandre é o seu nome. Ele olhou para mim e em seguida, fixou os olhos em Renata, fez uma análise rápida e disse:

— Pensando bem, vou conversar e orar com a sua esposa. Eu sei que ela tem fé, mas neste momento precisa mais de apoio emocional do que você!

Alexandre pegou Renata pelo braço com carinho e a levou para longe do quarto. Sua sensibilidade foi inapelável para entender que Renata precisava mais de atenção do que eu.

Narrei a pequena experiência para mencionar a armadura que formei, mesmo sem querer, ao longo da infância e adolescência. Agora, vou revelar o que aconteceu e me fez alegar como um pai faz total diferença no futuro do filho, lembrando que eu contemplo os aspectos pessoal e profissional como partes indivisíveis.

Aos 5 anos, tive hepatite. Dos 8 aos 12 anos, tratei um reumatismo com osteomielite, resultado de uma pancada no osso que infeccionou.

Aos 17, em 1989, tive dois abcessos[3] no cérebro. Inclusive, na primeira internação para o tratamento, lembro-me bem, o quarto que ocupei ficava ao lado do quarto de um grande artista, Cazuza, por ocasião da última internação dele.

O médico que acompanhou o meu tratamento encarava um desafio triplo:

1. Mover esforços para que eu voltasse a andar, pois naqueles dias não conseguia;
2. Fazer o possível para que não precisasse de intervenção cirúrgica;
3. Traçar meios para que o tratamento não deixasse sequelas, e, ao mesmo tempo tratar uma recorrente sinusite que não dava trégua.

---

3 Abcesso: acúmulo de secreção (pus) que se aglomera em tecidos, órgãos ou espaços internos do corpo.

No período, a fé ensinada pela mãe desde a infância prevaleceu e fortaleceu tudo. Enquanto tratava a sinusite, um remédio –posteriormente viria a saber – serviu como inibidor das dores na nuca. Os sintomas da meningite me atingiram e como não sentia dor alguma, passaram despercebidos. Ou seja, enquanto tomava um fraco remédio para combater a sinusite, que quase não surtiu efeito, a meningite foi aumentando, silenciosa, sem diagnóstico.

Nos intervalos do tratamento, uma vez em casa, tocava a vida normalmente. Estava no auge do futebol, das artes marciais, usava o espírito empreendedor para as demandas do trabalho e fizesse chuva ou sol, pilotava minha moto, um dos maiores prazeres dessa época.

Certo dia, não aguentei ir à escola. Estava com muita dor de cabeça. Pedi à mãe que me levasse ao médico. Lá, enquanto o profissional requeria os exames, sem mais nem menos, me vi a dizer:

— Doutor, estou com muita dor na nuca!

Era uma dor mais instintiva do que física e acredito ter sido a primeira prova de fé em minha vida. A reclamação da dor levou o médico, Dr. Moises, a pedir o teste de meningite num hospital de referência. Após o resultado, o profissional me encaminhou para o colega, Dr. Roberto Morgulis, que diagnosticou a meningite em estágio avançado. Precisamente, isso aconteceu no inesquecível dia 20/05/1989. As palavras dele para a minha mãe foram duras e francas.

ACADEMIAS DE SUCESSO

— A meningite que acomete o seu filho foi diagnosticada tarde demais. Só dois hospitais poderiam tratar o Andre; Sírio-Libanês ou Albert Einstein.

Meu pai estava trabalhando fora de São Paulo neste dia e recebeu um telefonema de minha mãe, que não poupou a verdade. Ele estava começando uma empresa, lidava com a delicada separação dos sócios, e mesmo assim, ele e minha mãe decidiram vender tudo o que fosse necessário para o custeio do tratamento. Fiquei internado no Albert Einstein durante um mês inteiro e se me lembro bem, ali ficou o valor equivalente a um bom carro novo, como pagamento das despesas.

Minha mãe atuava – e ainda atua – como contadora. Trabalha comigo até hoje, representa os meus braços direito e esquerdo.

Então, é possível imaginar que um pequeno empresário e uma contadora não simbolizam pessoas de muitas posses, porém fizeram de tudo para salvar o filho. Quando meu pai faleceu, isso voltou muito forte em minha memória.

Com a referência de quem se propôs a abdicar de qualquer coisa material em prol de sua vida, empreender passa a ser um exercício mais natural, pois o crescimento é exercitado pelo desapego e quanto maior, tanto melhor será o resultado.

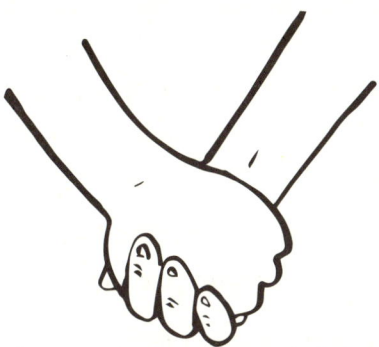

Passei vários anos com o nome dele numa placa sobre a mesa do escritório. Foi um mentor de valores, e não de empreendedorismo, porque eram outros tempos, tudo feito diferente e, mesmo assim, um homem muito inteligente, de visão futurista.

Acabei entrando na educação física para honrá-lo. Ele era diabético, adorava jogar futebol e jogava muito bem. Todos diziam que se eu jogasse a metade, poderia me considerar profissional e esse era o meu sonho, assim como o do meu irmão, que também jogava por causa do pai.

Como se pode conferir, não exagerei ao afirmar que tive muitos problemas de saúde quando jovem. Foi com o esporte que estabilizei tudo isso. Acabei me viciando e praticava esportes o dia inteiro. Daí para a faculdade de Educação Física foi um pulo simples.

Antes de adoecer com maior risco em 2011, com a sobrecarga de trabalho que assumia, na porção consciente ou na emaranhada inconsciência, eu talvez estivesse a repetir, em boa parte do tempo, o estilo de vida de meu pai, que sempre foi um cara viciado em trabalho, que viajava com frequência e passava muitas horas além do normal dedicado ao trabalho, defensor do lema que repetia como um mantra.

— **Preciso manter minha família com o mesmo padrão.**

Trabalhava mais por medo de perder do que pela vontade de vencer. E de maneira sistêmica, por um bom tempo, esse pensamento também fez parte de minha vida.

Meu pai saía de casa antes que o sol mostrasse a face e só voltava quando "fosse necessário". Aos poucos, mesmo muito jovem, ficou doente e foi definhando com rapidez.

Passei a infância contemplando um cara capaz de abrir mão da própria saúde para cuidar dos seus, da melhor forma que entendia.

O lado positivo é que estive disposto a fazer o mesmo. Como a vida não é um arco-íris, o lado negativo é que quase perdi a vida muito jovem, repetindo o destino de meu pai.

Eis a dica para você que pretende ser empreendedor (a), conferida por quem testemunhou o pai trabalhar com total empenho rumo ao crescimento:

ANDRE LAGO

COLHA OS MELHORES VALORES E O MAIOR LEGADO PATERNO OU MATERNO, MAS NÃO REPITA OS MESMOS ERROS.

Sofrendo o assédio de tantas doenças, acabei por desenvolver variadas provas de fé (não estou falando de religião, e sim daquilo que é sublime e inexplicável), uma espécie de intervenção do universo. Vale dividir com você, afinal, abri o capítulo defendendo isso e reitero:

É MAIS FÁCIL VENCER NO EMPREENDEDORISMO COM A VELA DA FÉ EM MÃOS DO QUE COM A ESCURIDÃO DO CETICISMO.

Da primeira prova, não esqueceria de jeito algum. Ainda bem jovem, com frequência jogava futebol de rua. Em certa ocasião, andando pelo bairro, passei por uma rua muito agradável.

Nossa, como seria bom morar nessa rua. – pensei.

Na semana seguinte, o meu saudoso pai chegou em casa com uma notícia.

— Comprei uma casa e vamos morar na rua tal...

Era exatamente a rua que eu sonhei morar um dia e ali, percebi como a fé em algo intangível aproxima os sonhos. Embora a compra da casa não dependesse de mim, a fé passaria a ser um elemento indissociável de meu futuro como empreendedor, sugestão que repasso a você que está investindo tempo e atenção na leitura: tenha fé e ainda que seja difícil acreditar em algo externo, em alguma religião, em um ser superior, acredite em si.

A segunda prova aconteceu com uma academia, onde hoje está instalada uma das unidades *Just*, no bairro do Limão. Ao lado desse ponto comercial, funcionava uma churrascaria e um monte de edifícios em volta. O prédio, ocioso, estava disponível para alugar há 8 anos, caindo aos pedaços. Ninguém parecia acreditar que algo naquele local daria certo.

Um dia, me perdi pelas ruas e o carro ficou de frente para o lugar. Olhei bem para o prédio e fiz um comentário com o amigo que estava ao meu lado.

— O prédio em que a *Just* está acomodada não nos atende mais. Precisamos sair de lá.

Cerca de um trimestre depois desse dia, os caminhões levavam os aparelhos da *Just* àquele novo espaço, já alugado, reformado, limpo, organizado e preparado para receber o nosso negócio.

Antes de qualquer estratégia, **acreditei** que poderia fazer um excelente negócio com o imóvel pelo qual ninguém se interessava, tema central desse capítulo – a fé do empreendedor, a crença de que pode e vai dar certo. É preciso acreditar que os pontos haverão de se conectar durante a jornada, aumentar a confiança e seguir a intuição. Mesmo que esse poder intuitivo leve a caminhos mais desgastantes, acredite que fará toda a diferença.

A terceira prova de fé deu-se com o prédio que hoje é sede da Academia *Just*. Em 2007, deixei o carro num estacionamento do bairro Parada Inglesa, zona norte paulistana. Caminhando pela avenida principal, vislumbrei uma academia bem instalada, com tudo bem novinho; prédio, estacionamento, infraestrutura geral. Olhei bem e pensei:

Nossa, que academia legal, bem que poderia ser uma *Just* aqui!

Em 2010, comprei a academia e alguns anos adiante, adquirimos o prédio inteiro. A experiência nos mostra algo ainda mais poderoso, a fé inconsciente.

Não fiz planos ambiciosos e audaciosos no dia em que caminhava por aquela avenida. Acreditei que seria uma grande oportunidade e as ações seguintes, conectadas ao exercício de empreender, foram consequências naturais e estratégicas.

No período, aprendi que somos seres emocionais, mas se vivermos comandados pelas emoções, nunca chegaremos ao objetivo. No fim de tudo, sem boas doses de lógica, nossas emoções não valem nada. Aprendi que no fim de cada aurora, existe uma promessa. Você deve entrar em ação e viver sua vida com paixão, como se cada dia fosse o último.

Nesses três momentos, passei pelo lugar uma vez, acreditei muito, desejei com ardor e no futuro, pude sentir que realmente existe algo maior, intangível, que norteia o caminho do empreendedor junto com a habilidade de empreender.

ACADEMIAS DE SUCESSO

Um detalhe na experiência do bairro Limão une os dois temas que apresentei no capítulo, fé e paternalismo.

No ponto antigo, encarava seríssimos problemas. A operação havia deixado de dar lucro. Precisava fazer algo a respeito ou fechar a academia. Cheguei para o meu pai e abri o jogo. Disse que tinha visto um ponto legal. Perguntei se ele me ajudaria. A reserva de capital que eu possuía era insuficiente para a reforma.

— Leve-me até o local. – pediu o meu pai.

Chegando ao imóvel, mesmo com um machucado no pé que não cedia por conta do diabetes, andou por todo o local, observou tudo e se propôs a ajudar.

— Filho, aqui cabe a *Just*. Eu ajudo. Vou reformar o lugar pra você!

— Pai, preciso apenas da reforma do prédio. A reforma dos equipamentos fica por minha conta. – argumentei.

Juntei os amigos e partimos para a reforma, com toneladas de pizza. Precisávamos limpar a academia e inaugurar o prédio parado para locação há 8 anos, com 1000m², de frente envidraçada. Só tínhamos dois dias de prazo. Foi aí que a fé, tão presente em minha vida, mostrou outra vez o seu papel na resolução de obstáculos.

Uma empresa vizinha do imóvel atual, em Santana, operava com terceirização de limpeza. Um dos sócios era meu cliente por aqueles dias. O telefonema dele bastou e pouco tempo depois, o time formado por 40 pessoas estava posicionado para limpar o local. Com ajuda de todos e custo mínimo, inauguramos a academia na data marcada, limpa e reluzente. O prédio funcionava a todo vapor. Gravaram até um vídeo para narrar a saga da reforma.

Os dias de celebração registraram uma pausa, marcada por uma experiência das mais difíceis. Na curta janela de um mês entre reforma e inauguração, meu pai foi internado. Precisava amputar o dedinho do pé, que não sarava. O médico que o atendeu não fez os exames necessários para a cirurgia e viríamos a saber, no futuro, que fora internado com pneumonia. No momento da anestesia, teve arritmia cardíaca e em seguida, três derrames.

Fomos visitá-lo e percebi algo de errado. Dali, foi para a UTI e não recobrou a saúde. Tudo isso mexeu muito com toda a família. Ele estava feliz por contribuir com a operação da nova sede *Just*, e faleceu antes da noite de inauguração.

Foi a partir daí que tomei a decisão, que virei a chave. Como empreendedor, entendi que precisava ajudar as pessoas do setor.

Muita gente não tem a mente aberta para as mudanças e as novidades. Frear o tempo dedicado ao trabalho era (ainda é para muitos empresários) algo novo.

Não falta empresário que se gabe por não ter tempo para nada ou que se vanglorie por não lembrar mais qual é o significado da expressão "férias". Eu precisava fazer alguma coisa.

Estruturei um software e um aplicativo com ferramentas para tornar a academia autogerenciável, independentemente do porte, por meio dos quais o gestor tinha a academia inteira na palma da mão, e por esse motivo dei-lhe o nome de **Goh! Gym on Hands**. Basicamente funciona como a pessoa treinada para fazer e repetir o que deve ser feito, quando deve ser executado, o horário de entrega, o plano de ação e quem vai resolver a demanda.

No pequeno universo repleto de empreendedor com perfil dominante na área de *fitness*, que faz questão de verificar tudo por foto, de conferir se o estofamento está rasgado, se o uniforme está desbotado ou se o salão está luminoso demais, o meu destino se repetiria com frequência e muitos desses empresários parariam no hospital, pela sobrecarga de trabalho.

Chegava ao fim o tempo em que o dono da academia vivia a fazer *check-list* para verificar se tudo estava correto.

O **Gym on Hands** surgiu para evitar o pior, gerar o melhor e aferir aquilo que dentro da franquia classificamos como procedimento de operação padrão.

O Mc Donald's se transformou numa máquina de sucesso por previsibilidade. Então, eu precisava encontrar meios para transformar a academia, o empreendimento que consumiu a vida inteira do cliente, num negócio previsível e passível de replicação.

Nenhum empreendedor estrutura um negócio para ficar "nele". O sonho natural é ver o objeto de empreendimento crescer e prosperar. O modelo do *software* criado tirava o empreendedor do operacional, fazia-o entender que precisa ocupar o próprio tempo com estratégia, para que o negócio funcionasse e crescesse. Do contrário, seria colaborador e não empreendedor.

É claro que toda ferramenta tecnológica precisa de apoio. Estruturei um treinamento para que o empresário criasse o novo modelo mental e pudesse gerir sua academia por meio de indicadores operacionais, que o ajudariam a ter mais tempo para dedicar ao campo estratégico da academia e não se preocupar tanto em fazer com que ela **funcione**, mas que **cresça**.

Por falar em crescimento, talvez você queira ir mais fundo, sair um pouco da teoria e entender, na prática, como automatizei algumas tarefas operacionais que tomavam meu tempo na academia. Se fizer sentido, aproveite, pois preparei exclusivamente para você uma degustação, por 14 dias gratuitos, do **Goh! Gym on Hands**. Basta se cadastrar. Aí vai o link:

www.academiasdesucesso.com.br/bonus-gym-on-hands

Foi assim que encontrei tempo para a família, sem deixar de lado a busca pelo êxito dos empreendimentos. E como a minha vida mudou para melhor, ensinar o empreendedor a fazer o mesmo passou a ser um compromisso.

A maioria dos empreendedores desse segmento enxerga concorrentes. Eu encontrei clientes e parceiros de jornada.

Comprovei que a fé e aquilo que foi ensinado pelo mentor de valores, no meu caso, o próprio pai, somam metade do caminho para as grandes conquistas.

A outra metade requer planos, ações e estratégias, assuntos para os próximos capítulos.

Talvez agora seja mais tranquilo pensar que sem fé e sem mentor de valores, todo empreendedor estará sozinho no deserto, sem água. E se a metáfora foi complicada, esclareço: estará sozinho no mercado, sem apoio...

CAPÍTULO 3

Franquear ou não
o negócio?

CAPÍTULO 3

Abrir uma academia prevê análise ampla. O erro recorrente do setor é basear-se em apenas um dado.

— Vou abrir aqui porque o ponto é bom!

— A vizinhança é próspera, então o lugar é perfeito!

Não foram poucos os empreendedores que pensaram assim, investiram pesado e perderam tudo.

Um negócio duradouro exige que se levante tudo. O público do local, o grau de endividamento da região, a faixa etária predominante, os hábitos, a posição socioeconômica, a cultura, o trânsito, a logística, o estacionamento. Tudo confirmado, o espaço há de ser adequado ao público, a arquitetura do prédio deve estar em harmonia com a região, a decoração merece esmero e assim por diante. Tudo isso sem deixar de se levar em conta o conforto e o prazer dos alunos que frequentarão o local.

Se é uma região mais jovem, a decoração precisa ser descolada, com bastante espelho, equipamentos em posições que proporcionem visão privilegiada. Se a academia tem mais de um andar, que se providenciem e facilitem o acesso e a mobilidade aos alunos com necessidades especiais. São detalhes que antecedem a inauguração de uma unidade.

Além de se investir na contratação de arquiteto especializado em *fitness*, a recepção deve conter elementos que a façam agradável e atrativa para que o cliente, novo ou antigo, não tenha pressa de ir embora.

Não estou despejando teorias no colo do leitor. Testei tudo isso. No início da década de 2010, o Brasil vivenciava outro dos seus costumeiros períodos difíceis na economia e na política, com juros elevados e desconfiança dos investidores. Enquanto poucos conseguiam ótimos resultados, muitos quebravam. Os empreendedores também sentiram na pele essas dificuldades.

Em 2003, uma consultoria me salvou da crise. Ganhava dinheiro, mas em certo momento, sobretudo depois de perceber que continuava a trabalhar demais. Aqui ou acolá, a velha mania de resolver as coisas sozinho ainda me assombrava. Bastava ver algo errado e intervinha. Limpava, manobrava, fazia de tudo.

Contratar um consultor deixou de ser luxo e passou a ser necessidade. Embora seja algo que os empreendedores relutem em fazer, recomendo com muita convicção, porque o talento de vislumbrar o futuro não pode ser ofuscado por rotinas.

Comecei a receber as diretrizes. O profissional passava quatro horas por mês comigo. Trabalho intensivo, específico, direto no foco do problema. Investia menos de meio período e estava pronto para dedicar o restante do mês a empreender, orientação que ressalto a quem faz o contrário, investindo 4 horas mensais em estratégia e operacionalizando o restante.

O consultor avaliava o faturamento bruto, as receitas diversas, separava o volume de devoluções e cancelamentos. A partir daí, definia quanto em percentual poderia usar da receita e direcionar para aluguel, água, luz, telefone, gás, serviços diretos e indiretos, impostos e taxas bancárias.

A fórmula simples facilitava saber o saldo final e rever os indicadores, porém o melhor é que conduzia para outras análises mais profundas.

—— ACADEMIAS DE SUCESSO ——

Como resultado, hoje, o planejamento mínimo dos meus negócios é de cinco anos.

Empreendedor deve saber em que direção está rumando e que jogo pretende jogar. No operacional, sabe-se apenas que não há jogo, nem futuro e tampouco sucesso.

Hoje, sei o que quero para a minha empresa e os meus negócios. Quando abri as portas, nos tempos da garagem, não tinha a menor noção. Uma rápida avaliação permite sondar como há de ser grande a quantidade de empresários cegos em seus empreendimentos, assim como fui nos tempos de garagem, enxugando gelo e resolvendo todos os problemas.

Algumas necessidades devem ser preenchidas em caráter de urgência, ou não haverá mais negócio que exija respostas.

A minha empresa será uma franquia? E em caso positivo, já existe previsibilidade ou o negócio é sazonal, instável, circunstancial?

Todo segmento oferece meios para que se meça a previsibilidade e outra vez o Mc Donald's se encaixa como perfeita ilustração para um argumento tão excepcional.

Caso pretenda legar a empresa aos filhos, o cuidado de não se perder em meio aos devaneios pede atenção constante.

O ideal é buscar a multiplicação daquilo que você faz de melhor, a redução daquilo que é nocivo e, por consequência, deixará uma grande solução para o futuro da família, do negócio, do segmento e do país. Porém, se a busca for destinada a formar algo por romantismo, será investida tanta energia que não sobrará espaço para planejar, multiplicar e eternizar o negócio.

Se o anseio do empreendedor é ter várias unidades próprias, e esbarra na dúvida, a decisão entre franquear o negócio ou mantê-lo sob o guarda-chuva do empreendedor deve ser tomada e não pode ser eternamente postergada.

Que se considere a estrutura de despesas fixas, o desejo de eternizar a marca, a ideia ou o negócio, lembrando que muito empreendedor prefere diversificar, em vez de passar a vida inteira no mesmo negócio.

A dica, baseada em algo que acredito muito, o poder do foco, é a seguinte: só busque investir em novos negócios quando o seu estiver sólido, trazendo os resultados esperados.

Para expandir por meio de franquia (é claro que depende muito do modelo de academia) é preciso muito dinheiro, infraestrutura e investimento bancário.

As academias que se tornam muito grandes acabam sendo candidatas naturais para franquia, mas os modelos que têm dado certo no ramo de academias para o modelo de franquia são as de perfil *low-cost*, que têm menos pessoas envolvidas nos processos, focam na experiência do cliente e na facilidade de acesso para a prática da atividade física, além dos modelos de Training Gym, com academias menores e que entregam resultado. A grande vantagem é a seguinte: com o alto preço do metro quadrado de aluguel e a baixa oferta de imóveis com a metragem adequada aos modelos anteriores, esse se encaixa em espaços de até 250m².

Já o sistema de cotas é uma opção mais básica, que oferece custos menores, em que o investidor fica com até 49% das cotas e o empresário, com os outros 51%.

Esse tipo de investimento é mais fácil de expandir e favorece o empresário, que pode vender sua franquia para investidores de outros países.

No caso da expansão de uma rede, eis o passo a passo: escolhemos o melhor ponto, desenvolvemos as adaptações e obras necessárias para o imóvel, administramos todos os processos, desde a formação dos profissionais até os departamentos comercial, administrativo e financeiro. Adquirimos os equipamentos, definimos o layout adequado para cada sala de equipamentos. Implantamos e gerenciamos os sistemas, inclusive de gestão. Essa é a parte operacional do negócio.

O objetivo de recíproco interesse é desenvolver um grupo em que cada sócio entre com o seu talento natural. O empreendedor da área civil assume as necessidades de construção, o investidor especialista em comércio exterior resolve a importação de equipamentos e assim por diante. Nós entramos com a parte da operação e o especialista (de *marketing*) gera clientes. O grupo de parceiros terá entre 51 e 80% das cotas de cada academia estruturada. Por fim, faz-se uma análise profunda da academia e do perfil do proprietário, para definir se ele será mesmo um futuro parceiro.

De volta à sua decisão, caso prefira se manter sozinho, a estratégia de sobrevivência, de guerra, é ponderar ao lado de consultores externos ao negócio, dotados de foco para a expansão e habilidade para o operacional.

Cumprida essa etapa, o passo seguinte é interpretar a história. Toda empresa ou produto deve ter o seu tempo de vida, independentemente de quem a solidificou. Eu me lembro, como se fosse hoje, que inaugurei a empresa pensando nela como uma extensão de mim e quando acabasse, acabou.

Mais preparado como empreendedor, entendi que as coisas não funcionam assim e precisamos preparar terreno para o futuro, a fim de que o empreendimento seja sustentável após a partida do idealizador.

Quem empreende não pode trabalhar com pontualidade, de olho no faturamento líquido para pagar as contas mensais. Isso não é empreender. No máximo, é extensão do regime CLT, em que se trocaram as posições e o empregado passou a receber *pró-labore*. Não deve ser assim...

ACADEMIAS DE SUCESSO

Sem criar um modelo de sucessão, sem imaginar a quem ou a quanto vender, simplesmente porque não tem noção de quanto vale a empresa, o empreendedor será um simples empresário, o empresário será mero colaborador.

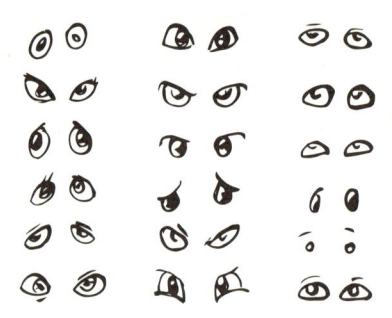

Prestei consultoria para diversos donos de academia, seguindo a diretriz que expliquei antes: enxergar oportunidades antes de pensar em concorrentes, cada vez com um olhar diferente.

Caso tenha interesse em uma consultoria completa, baseada em tudo que estou oferecendo na obra, o nosso *e-mail* para contratação é: maestria@academiasdesucesso.com.br

Nessas oportunidades, muitos me procuraram e relataram a dificuldade de vender a academia. Um desses diálogos ficou marcado e para preservar a identidade, vamos chamá-lo de A. Silva.

Era um dia ensolarado no verão da zona norte de São Paulo. Liguei o ar-condicionado, servi café, escutei as queixas de A. Silva, a complicação que ele encontrou ao tentar vender sua academia e fiz a pergunta crucial.

— Você saberia dizer por que não consegue vendê-la?

A resposta foi aquela que está na ponta da língua de muitos desavisados.

— Só pode ser a crise, Andre. Ninguém tá comprando nada!

— Ok, A. Silva. Isso nós já sabemos e não é a primeira crise que o Brasil enfrenta, nem será a última. Agora farei a pergunta das perguntas. A sua academia funciona sem você?

A. Silva olhou para baixo, sem saber o que dizer, e murmurou, mais para si do que para mim.

— Não.

A. Silva, como boa parte dos que representam o empresariado brasileiro, não imaginava como o dia a dia de seus negócios funcionaria sem a sua presença.

É difícil vender um produto ou serviço que 95% dos empreendedores não comprariam por uma razão: dependência.

A *Just* Academia não precisa mais de minha figura na dianteira de tudo. Chegou a hora de o empresariado entender que a crença "os olhos do dono engordam o gado" não deveria estar arraigada no ato de empreender. No lugar dela, deveríamos desenvolver outra.

Os olhos da equipe engordam e a visão empreendedora valoriza o gado.

E para concluir o capítulo, sabemos que a medicina tem respiradores artificiais que podem salvar a vida de alguém. Entretanto, o mercado não inventou um respirador artificial para o coração empreendedor dos negócios.

O empreendedor deve ser o que há de concreto, o alicerce, a robustez, o treino diário, a estratégia, o futuro e a eternização.

A onipresença que alguns acham ter, na realidade, tem outro nome. Se fosse uma doença, a medicina batizaria de maneira gentil e garbosa, como "lapso de leitura empresarial das circunstâncias". O mundo dos negócios vê com mais simplicidade e considera que a empresa está subjugada pelo dono. Até mesmo um empréstimo de longo prazo concedido pelo BNDES ou bancos privados leva esse fator em conta. Banqueiros são astutos. Sabem muito bem que o empresário apegado tem o futuro desenhado e preparado para a falência.

Com tudo isso a refletir, é hora de adotar uma decisão.

Delegar e desapegar, ou centralizar e quebrar. E atenção: existe uma larga diferença entre delegar e "de largar".

Negócio dependente e sem valor preestabelecido é legado sem chão, firmado na vã utopia do desejo romântico de empreender sem eficiência técnica.

CAPÍTULO 4

Não contrate alguém que nunca poderá demitir

CAPÍTULO 4

Você já ouviu falar em treilacionamento? Tenho certeza que não. É um neologismo. Até o término do capítulo, vou explicar.

Empreendedor que vive com aquela nuvenzinha na cabeça e só enxerga os fatores negativos do negócio, erra nas contratações e escolhe as pessoas erradas para a operação. Daí a necessidade de estar com a mente tranquila, o mais distante possível do operacional.

Preocupado com as contas a pagar e sem norte para reduzir essas contas, quem lidera acabará por contratar "alguém de confiança", sob a alegação de que não tem tempo e nem dinheiro para tanta coisa.

O ideal é contratar alguém com perfil para reduzir custos. O erro mais comum do segmento, e vejo acontecer com frequência, é posicionar parentes sem habilidades necessárias para o cargo específico, porém aparentemente de confiança.

Todo cargo estratégico deveria ser preenchido por pessoas preparadas, ainda que desconhecidas. O empreendedorismo ousado e alinhado ao século XXI dita que a confiança é elemento a se conquistar, diferentemente do que fazíamos no século XX, época em que imperava a equivocada crença "confiança tá no sangue".

Entre falhas de contratação e investimento, posso exemplificar pais que investem enorme montante em academias sem propósito, só porque o namorado da filha é *personal trainer*. Ou a sociedade entre casais adeptos da prática de exercícios, também sem propósito, que decide fazer investimentos vultosos e quebra assim que percebe a complexa operação de empreender no setor.

O primeiro exemplo mostra como é imensa a distância entre a gerência – ou ingerência – do genro que é *personal* e o estilo de empreender do sogro que enxergou a oportunidade, mas não o problema. O segundo deixa um evidente equívoco de análise.

O aluno empreendedor ousado chega à academia, enxerga a aura de bonança, faz uma conta mental baseada no valor da mensalidade de cada um e como tem dinheiro, decide injetar capital sem nada conhecer. Equívoco maior não poderia ser cometido.

Para muitas pessoas, academia é *hobby*. Na prática, a perspectiva e o faro do empreendedor devem transcender até o ponto em que enxergam a academia como deve ser vista em suas características:

- Alta complexidade na gestão do fluxo de caixa;
- Desafio de atrair e reter mão de obra, principalmente no campo da instrução;
- Concorrência de perfis variados;
- Mínimo amparo governamental;
- Manutenção diária;
- Célere depreciação de equipamentos;
- Dificuldade de fidelização dos clientes.

Então, diante disso tudo, por que valeria investir no segmento?

ACADEMIAS DE SUCESSO

O negócio de academias é muito lucrativo, desde que seja um empreendimento com propósito além do lucro, gerido por pessoas que enxergam clientes, mas se lembram que cada matrícula representa um semelhante com objetivos.

No exemplo do sogro e genro ou mesmo do casal que só enxergou lucro, o negócio foi tratado como entretenimento, em vez de empreendimento. Não vou nem citar o clichê missão, visão e valores. Em ambos os casos, o negócio não tinha alma ou propósito de eternização, sem os quais qualquer empreendimento é natimorto, trucidado pelas crises.

Na primeira dificuldade, sem consenso, todo mundo abandona o barco, gritando de norte a sul, de leste a oeste: salve-se quem puder.

Isso ocorre porque as pessoas só estão ali por salário, no caso dos colaboradores, ou pelo pró-labore, no caso dos sócios. Profissionais da categoria professor de educação física, que trabalham pelo valor dos trinta dias, devem pensar se estão mesmo na área certa, porque educação física prevê vocação, paixão, entusiasmo e dedicação total ao aluno, qualidades que preveem períodos mais elásticos.

Nem sempre o investidor desse mercado precisa ser da cultura *fitness*. Com certeza, no entanto, precisa contratar alguém que conheça muito bem o setor, as demandas dos alunos, da equipe, da academia, do todo. Enfim, que domine o assunto e seja de confiança para atuar como braço- direito e esquerdo. Esse administrador não costuma ser um cara de terno e gravata. A tendência é que seja do ramo, com perfil de educador físico. Atua como consultor por escolha, já que prefere não assumir para si a estrutura física de academias ou porque ainda está juntando recursos para um dia fazê-lo. De qualquer modo, é muito bem-vindo. O ideal é que seja remunerado com valor fixo e variável, baseado num plano de negócios.

Quando se encontra esse profissional capaz de desempenhar o trabalho porque **é apaixonado pelo que faz**, aí sim a academia terá alguém preparado para fazê-la crescer e, reciprocamente, o professor terá uma academia com potencial para sua ascensão, numa troca justa e generosa.

O perfil desse "colaborador multibraço" do bom empreendimento é atualizado com as matérias técnicas e comerciais, sempre atencioso com a obtenção dos melhores resultados para o cliente e a academia.

Com esses profissionais ao lado de quem empreende, não importa se a academia é nova, se tem os melhores e mais modernos aparelhos. Os clientes chegam e ficam por causa do profissional que os atende. Em outros segmentos, denominariam como excelência em relacionamento. No setor *fitness*, podemos usar um neologismo e batizar como **treilacionamento**, mistura de treinar e relacionar-se com excelência.

Para exemplificar outra vez, no cenário de muitas academias de bairro, em que o dono inaugura e emprega a família inteira, teremos uma pessoa sentada na recepção, sisuda porque não gosta de estar ali, indisposta a atender o cliente, indiferente porque não vivencia o propósito da academia, infeliz por estar no emprego e na hora errada.

Academias de sucesso precisam se preocupar menos com o currículo e mais com as atitudes. Afinal, o pedaço de papel da melhor faculdade nem sempre resulta no melhor atendimento ao cliente.

Nesse contexto, o especialista em treilacionamento é a chave que abre as portas dos empreendedores. E sabe por que é difícil encontrá-lo? Ele custa mais caro, o que vale como lição final deste capítulo.

Ao empreendedor de *fitness* disposto a pagar valor injusto para o profissional que treina seus alunos, qualquer valor de salário é caro e a mensalidade está sempre "barata demais". Segundo o que pensa, empregar familiares é confiável e econômico.

Enquanto pensar assim, a qualquer momento, talvez ouça o terrível ruído que nenhum dono de academia deseja; a porta de ferro a abaixar-se em definitivo.

CAPÍTULO 5

O ego em fitness

CAPÍTULO 5

Nada mais problemático do que o profissional de *fitness* que tem ego elevado, que pensa muito em eu, eu, eu, como centro do universo. Isso dificulta novos conhecimentos pessoais, desfavorece a evolução do negócio e, em uma perspectiva macro, do próprio setor.

Uma parte dos empresários de *fitness* é composta por pessoas bem jovens, que prefere "aparecer" a crescer no empreendedorismo setorial.

Nota-se nesse meio a maioria cuja faixa etária não ultrapassa 50 anos. Com o ego descontrolado, pouca noção gestora ou empreendedora, acabam sendo gastões com o negócio e descuidados com o corpo.

O atleta de *performance* no fisiculturismo investe muito em dedicação. Seu treino de 40 minutos diários acaba se transformando num dia inteiro, entre alimentação, disciplina e treino.

ACADEMIAS DE SUCESSO

Há um momento em que esse profissional precisa fazer a escolha entre ser atleta ou empresário, o instante definitivo da decisão que vai resultar no sucesso, presente em qualquer ramo no qual se coloca foco.

No início de tudo, percebi que tinha uma academia a gerir e solidificar. Com pouco conhecimento, vivia sob o laço apertado do estresse. Devido aos hormônios, não é fácil aumentar a massa muscular sob a pressão do estresse e conforme a idade avança, a tendência é ficar ainda mais complicado.

Eu não tinha experiência e vivia muito no futuro, como uma pessoa extremamente ansiosa. Até que certo dia, entendi o presente e planejei o futuro. Existe um tempo em que é necessário viver o negócio, o que exige definir qual história se deseja criar para manter esse negócio.

Como empreendedor, calculei que cuidar do corpo, manter a saúde e conciliar ambos com a gestão do negócio é possível, desde que se observe um detalhe: sem atuar como atleta de *performance*.

ANDRE LAGO

Talvez seja um duro golpe para você que está lendo a obra, trabalhando a *performance* e se preparando para administrar uma rede de academias, mas não posso lhe furtar esse conhecimento: cuidar da saúde, zelar pela manutenção do corpo para a *performance* e a eventual competição, doar-se à família, preservar os amigos, cuidar da mente, reservar tempo para o lazer e administrar o empreendimento é uma equação que, ao mesmo tempo, não fecha.

O mercado de *fitness* no Brasil ainda é fragmentado e desunido. Apesar de representar o segundo maior negócio do mundo, o Brasil responde por apenas 1/3 do segmento *fitness* nos EUA.

O que falta para crescer de maneira estratégica e sustentável é o profissionalismo empresarial. Como vivemos num país que sempre tem alguma crise política, social ou econômica em voga, é comum que os empreendedores do setor se preocupem em demasia com os problemas e se esqueçam de entregar solução aos clientes e à sociedade.

ACADEMIAS DE SUCESSO

Como afirmei, não adianta ter a melhor e mais estruturada academia, com aparelhos de última geração. A proposta até vende e atrai multidões, mas não retém clientes. O que fideliza é relacionamento. Todo aluno gosta de se sentir em casa, cercado por pessoas de quem gosta e isso sugere até a pergunta principal.

Como o empresário manterá esse relacionamento se a cabeça está focada nos problemas ou no ego?

Ao pensar de forma negativa e ver o lado oposto do negócio, o processo todo começa a ruir, erra-se nas contratações e se atrai clientes problemáticos. Ao enfrentar semana após semana pensando em como melhorar a *performance* e o corpo, o ego deixa o empreendedor cego para as oportunidades que se desenham, a cada dia, diante dele. No fim, tudo isso impede o nascimento de estratégias diferenciadas, dificulta a criatividade e compromete a competitividade.

Fazer do empreendimento algo viável é obrigação do meio empresarial. Ter a academia única por excelência, inovação e ousadia é exigência, consciente ou não, de todo cliente.

Na *Just* Academia, por exemplo, temos estratégias para um futuro que poderia ser avaliado como loucura por outros empreendedores do setor. Estamos nos preparando para não vender mais planos mensais, semestrais e anuais.

Em vez disso, venderemos resultados e a academia será um bônus. Por exemplo: desenvolvemos o projeto piloto para um programa de 8 semanas, cuja proposta é "emagreça 10 quilos em 8 semanas".

A estratégia arrojada é uma das bases de venda do nosso negócio e a pessoa tem garantia. Caso não goste ou não atinja resultados em 30 dias, devolvemos todo o valor investido.

O processo prevê um investimento e ao optar por ele, o cliente tem direito a 12 meses gratuitos de academia. É uma inversão de plano e lógica que coloca fim no formato tradicional de mensalidade e cobrança.

Além desse projeto, criamos outros seis planos diferenciados que incluem programas de nutrição, coaching e meditação. Todas as vendas desses programas ocorrem por meio de *marketing* digital e percebemos que após o lançamento das alternativas e estratégias, foi questão de tempo para que o mercado acompanhasse um caminho parecido.

Empresários, empreendedores, gestores e colaboradores precisam saber aonde querem chegar e o que estão dispostos a fazer, de maneira incomum, para que o negócio prospere.

Enquanto o segmento optar por mecanismos como mensalidade barata que não resulta em benefício, catraca que impede a entrada dos inadimplentes ou aparelhos ultratecnológicos com instrutores que sequer sabem operar todas as funções, o setor vai continuar às margens do que acontece no empreendedorismo mundial de *fitness*.

Se todo bom negócio deve seguir uma rotina de excelência, por que haveria de ser diferente numa academia?

Devemos pensar de maneira sagaz. Todo bom Chef é especialista no preparo de pratos refinados e também sabe executar simples especiarias regionais. Quem administra um negócio de academia deve conhecer estratégias diferenciadas e dominar rotinas simples.

O Chef que imagina não existir a necessidade de se preocupar com nada da rotina coloca em risco o restaurante e o empreendedor de *fitness* que delega 100% ao administrador, gerente ou treinador, também corre risco.

Em capítulos anteriores, cheguei a validar que não é preciso conhecer tudo, desde que se contrate as pessoas certas. De outra forma, não conhecer **nada** é como ser turista enquanto o próprio dinheiro é submetido ao risco.

A rotina de uma academia prevê verificação do funcionamento operacional, estratégico e estético. A qualidade e a temperatura da água na piscina, o funcionamento dos aparelhos, a gentileza e a eficiência da recepção, a pureza do som (tenha sempre um aparelho reserva, pois não existe aula sem som), a climatização, a limpeza impecável e frequente que deixe uma fragrância suave (ambiente que exala suor afasta os novos clientes que visitam a estrutura): tudo isso faz parte do dia a dia.

A vivência dentro de uma academia exige a mesma atenção que o comandante de um navio precisa ter. Para que funcione corretamente todos os dias, é preciso desviar de icebergs e tempestades ou, traduzindo para o nosso mercado, problemas ocorrem sistematicamente e quanto maior a academia, maiores serão os cuidados.

A empresa deve estar preparada para prever os problemas, antecipar as soluções e tê-las definidas na manga, em vez de resolver os problemas só quando aparecem. É o que distingue empreendedores de tarefeiros. É também a diferença entre estar ocupado e produzir.

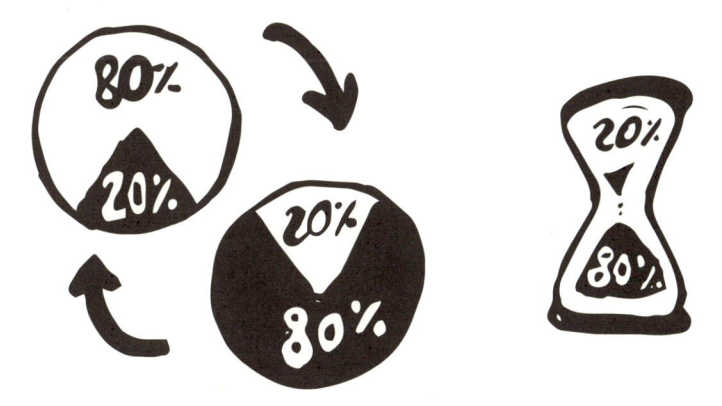

A solução equacional para *fitness* requer 80% do tempo dedicado à estratégia e 20 % aos pormenores operacionais. É comum ocorrer justamente o inverso, com gestores que ainda perdem muito tempo em tarefas e esforços operacionais, que se responsabilizam por serviços bancários e pela folha de pagamento, que assumem atividades do dia a dia, manutenção dos equipamentos e por aí vai. Em qualquer região, as desculpas são quase sempre as mesmas.

Não confio em ninguém pra fazer isso.
Já tive prejuízo por causa de
pessoas que fizeram tudo errado.
Só eu faço tudo certo nessa academia.

A centralização não ajuda em nada, traz desgaste, afasta o sucesso, sequestra o foco necessário para executar a liderança e, ainda pior, abre um caminho perigoso e inevitável: no dia que a principal liderança partir, a empresa também receberá uma lápide. E tudo isso, por quê?

O título do capítulo respondeu: ego.

CAPÍTULO 6

O melhor cliente é o pior vendedor

CAPÍTULO 6

Não acredite no que acabou de ler. O que eu queria mesmo era provocar, chamar a sua atenção e fazer você pensar algo como:

O autor ficou louco?

Que tipo de afirmação mais descabida é essa?

Como uma espécie de teste, preocupante mesmo é pensar que alguém leu e não questionou o que estava escrito. Ao contrário do que propôs o título, o cliente tem o poder de vender a academia. Já o cliente fiel e especial tem o superpoder de vender.

O empresário precisa conhecer a sua carteira fiel, saber o que cada um deseja, quando e como gosta. Quanto mais conhecer o perfil, maiores as chances de oferecer o produto certo no momento ideal.

ACADEMIAS DE SUCESSO

A primeira coisa que deve pensar, antes de estimular qualquer transição de plano, é oferecer o bônus certo. O cliente compra bônus, porém não curte a compra do upgrade de planos.

Igualmente, esse bônus não pode ser desconto. O ideal é que seja maior em relação ao produto oferecido, não em preço, mas em significância. E para funcionar, outra vez a importância de conhecer o cliente e saber o que o agrada se faz valer.

Que tipo de livros o cliente lê, quais canais de televisão prefere, os filmes prediletos, o time de futebol e outros gostos simbolizam o ponto de partida. Nesse sentido, uma chuteira como bônus fará mais sucesso do que uma sessão de massagem relaxante. Com 30% de alunos que torcem para certo time, oferecer uma camiseta autografada por algum atleta do clube vale muito mais do que qualquer desconto e é mais efetivo para despertar o desejo de transição para o plano seguinte.

Vamos supor que o plano anual seja 40% mais barato que o mensal, como de fato costuma acontecer. Ora, o desconto já está concedido. Se o empresário está com os planos mais longos reduzidos, cobrando apenas o justo, não é nada estratégico ceder ainda mais descontos para o aluno fazer essa transição, sob a pena de operar no vermelho e quebrar.

A primeira conferência é aferir o custo por aluno, ou seja, o valor de custo operacional do negócio dividido pelo número de alunos. Com esse cálculo, chegará ao valor ideal. Uma academia saudável opera com no mínimo 30% de margem líquida sobre o custo de cada aluno.

Para exemplificar, na *Just* listamos 20% dos nossos melhores clientes, aqueles que são assíduos, que vestem a camisa, que conseguem os mais surpreendentes resultados e criamos o *Just Roots*.

São camisetas e pulseiras personalizadas que geraram curiosidade entre os demais. Assim que lançamos a campanha, os alunos procuraram a recepção, curiosos para saber o que seria preciso para se tornar *Just Roots*. É aí que entra o processo de venda, apoiando a harmonia entre os frequentadores.

Para tornar-se membro, a pessoa precisa ter certo nível de frequência e comprovar os resultados do treino segundo as metas que ela própria estabeleceu.

ACADEMIAS DE SUCESSO

A campanha envolvente ajudou a formar mais alunos disciplinados e felizes com os resultados. Por efeito, os novos integrantes cumpriam os critérios de exigência para participar desse grupo. O resultado foi a academia lotada mesmo no inverno, período em que a frequência sofre uma queda natural.

Geramos movimentação, despertamos a sensação de pertencimento e os próprios alunos, inspirados por clientes fiéis e disciplinados, se transformaram em geradores de novas visitas. A campanha formou uma máquina de vendas e um conjunto de cases, envolvendo o atingimento de objetivos pessoais. Os melhores clientes passaram a atuar como os nossos melhores vendedores.

Em outra observação, a vantagem do atendimento e da ação intimista é que se faz muito mais fácil contemplar um grupo menor do que buscar o alcance de todos os alunos. Ao escolher, traçar perfis, conhecer mais intimamente os clientes e oferecer um trabalho dedicado, garante-se maior chance de êxito.

Numa nova ação, discretamente, procuramos o contato de familiares dos alunos, em busca de fotos. E durante os treinos, apresentamos em slides a imagem de pais, mães, cônjuges, filhos, cachorrinhos e assim por diante. Fizemos o mesmo no mural, com a versão impressa das imagens. A ideia de inclusão que resultou na ação partiu de uma colaboradora que não tinha a menor obrigação de pensar nisso, o que mostra como é importante pertencer ao lugar, ser parte, protagonizar, crescer, atingir ótimos resultados e fazer prosperar a empresa da qual todos dependem.

É papel do empreendedor gerar essa sensação de pertencer, tanto no cliente externo como no cliente interno.

Em junho, mês dos namorados, uma colaboradora deu a ideia de inserir as fotos da pessoa amada de cada aluno (a) no telão. A campanha foi um sucesso e contribuiu para o mês que seria fraco. Com o devido mérito, premiamos a colaboradora. Ganhou uma viagem para o nordeste, totalmente paga pela empresa, com direito a um(a) acompanhante. E por falar em colaboradores, aí vai o segredo dos maiores empreendedores desse concorrido setor, pois quase toda ação incide em custos:

Fluxo de Caixa

O maior custo de uma academia tradicional é a folha de pagamento e para manter um quadro enxuto, com qualidade de serviço, criatividade e produtividade, deve-se entender que a quantidade de funcionários não é o que diferencia os serviços. A exemplo do que fez a colaboradora que acabamos de citar, capaz de criar uma ação tão significativa, vale refletir: ser produtivo com muitos colaboradores e uma folha de pagamento inchada é fácil, mas custa caro. No entanto, é preciso ser muito bom para ser produtivo com poucos e ainda entregar a qualidade que os clientes merecem.

A contratação de profissionais versáteis e que tenham perfil para mais de uma função é sábia. Os serviços desses profissionais custam um pouco mais caro se olharmos para a individualidade, porém muito menos, se contemplarmos a manutenção da vasta folha de pagamento que faz a empresa sangrar. Além disso, contratar e treinar estagiários é uma excelente opção de interesse geral, porque o colaborador aprende a trabalhar, a academia consegue economizar e, como benefício maior, o cliente recebe o máximo da atenção típica de colaboradores em início de carreira.

"Deve estar muito claro na mente do empreendedor que não existem pessoas **certas** para o negócio, e sim pessoas **treinadas** para ele"

Manter saudável o fluxo de caixa exige produtividade máxima, com o mínimo número de colaboradores. E apenas isso é insuficiente. Nas instalações, vou listar as principais ações "físicas" que fecham o ralo por onde escoam os recursos do negócio, comprometendo a saúde financeira.

- Critérios como viabilidade e utilidade para as coisas básicas devem ser revistos. Às vezes, até a escolha do ar-condicionado reflete de forma negativa no caixa. Compensa investir em inovações tecnológicas. Ainda que requeiram investimento maior no início, o retorno se consolidará com o tempo;

- A lâmpada mais cara na prateleira quase sempre é a mais barata na conta de luz. Deve-se estudar e calcular a quantidade de quilowatts por hora, lembrando que as luzes ficam acesas durante todo o dia;

- O poço artesiano é uma alternativa interessante para academias que oferecem piscina e muitos chuveiros. Contudo, a fim de não encontrar um problema maior do que o fluxo de caixa (o endividamento) antes de investir, deve-se ter a convicção inequívoca de que dará continuidade ao negócio;

- As torneiras automáticas não representam luxo. Há aluno que esquece a torneira aberta ou a mantém, jorrando, enquanto faz qualquer outra coisa. O investimento imediato é muito baixo comparado ao retorno;

- Água sanitária pode ser barata, mas não resolve tudo. É insensato economizar em itens de limpeza. Toda academia requer produto que agride a sujeira até deixar o espaço impecável. O mercado oferece paliativos de baixo valor que "fazem carinho" no ambiente sujo. Vejo casos recorrentes em que faxineiras são demitidas sob a suspeita alegação de que não limpavam direito, quando a verdade oculta é a ausência de investimento;
- O negócio deve ser ecológico e sustentável. Imprima só aquilo que de fato deve ser impresso e digitalize todo o restante. Além disso, em vez de usar impressora pessoal, envie os materiais e as peças de propaganda para o processo gráfico. É mais rápido, barato, ecológico e eficiente.

Pensar dessa maneira é transformar despesas de menor expressão, que trazem graves consequências quando não tratadas, em despesas de mínima repercussão, com máximo efeito positivo. Isso é empreender.

Refletir acerca desses itens como simples produtos e serviços que pouco agregam ao negócio é abrir as portas para os ladrões do fluxo de caixa.

Não pensar em nada disso ou pouco fazer, acompanhado do pensamento pobre "não vou mexer num imóvel alugado" é o mais próximo que se pode chegar do amadorismo.

Ainda que o imóvel não pertença a quem empreende, cabe chamar o locador, apresentar um projeto de mudança estrutural e negociar redução ou permuta periódica dos aluguéis.

Quem investe, de alguma maneira, se torna cliente do negócio que almejou, já que antes de vender qualquer produto ou serviço, precisará usar a empatia e calcular se compraria o que está oferecendo. Esse que deveria ser o melhor cliente, está desavisado e passa a ser o pior vendedor do próprio negócio. Cabe ponderar:

Se a mente do empreendedor é assaltada pelo fluxo de caixa comprometido, até mesmo ele duvidará do triunfo.

Ninguém pode duvidar que as pessoas reparam no olhar de dúvida do proprietário. E me arrisco a desafiar os leitores com uma pergunta final:

Algum cliente poderia crer em algo que nem mesmo o dono acredita?

CAPÍTULO 7

Qual é a hora certa de desligar alguém?

CAPÍTULO 7

Qual é o propósito do empresário no mercado? Qual é a ligação do dinheiro com o mercado?

"Se o negócio criado é bem gerenciado, o dinheiro transforma vidas e o mercado transforma as pessoas"

Empresário com dinheiro em caixa e uma cabeça boa pode transformar muita coisa e à medida que gera valor social, atrai mais sucesso. Até mesmo uma ação beneficente e comercialmente despretensiosa acaba por gerar resultados produtivos, pela seguinte razão: o seu propósito está bem no foco do radar, os clientes e a região onde atua têm o seu respeito, o dinheiro é bem administrado e o mercado é bem aproveitado.

ACADEMIAS DE SUCESSO

O Brasil não adota a cultura de apoiar empreendedores. Então, tem-se a equivocada impressão de que só cresce quem é desonesto.

Crescer sem abrir mão dos valores íntegros não é romantismo. É um trabalho de longo prazo, mais árduo, porém totalmente passível de sucesso, sem que se carregue o peso da desonestidade.

Toda empresa tem alguém pouco ou nada engajado no projeto. É papel do líder identificar e se for necessário, dar início ao processo de substituição. Manter não será nada bom para a saúde da empresa ou o bem-estar do parceiro colaborador.

Quando vou desligar alguém da empresa, sempre que possível, procuro levar para tomar um café ou jantar. Evito demitir no escritório porque sei que ninguém sai de casa pela manhã disposto a errar e a essência do ser humano é ser melhor. Porém, se a pessoa entra no piloto automático e nem percebe que está errando, como acontece muitas vezes, talvez a empresa não tenha tempo de esperar que ela se adapte ao que é certo, e nesse caso, o corte é indispensável, com todo o suporte antes e depois do evento, até que o profissional esteja preparado para partir.

Outro valor que carrego comigo é que os clientes, por obviedade, são importantes e queridos, mas como gestor e cuidador dos meus parceiros colaboradores, também não admito que clientes os maltratem. Funcionário para mim não existe. São parceiros de trabalho e como tal, merecem todo o respeito. Desmistificando o dito popular, cliente nem sempre tem razão. Certos clientes podem e devem ser demitidos.

O lado positivo da trajetória empreendedora é que se identificam os melhores clientes no momento em que fica claro, para esses, os valores da empresa.

Por efeito cascata, com valores claros, é mais fácil atrair e trazer para perto os melhores colaboradores, e bem mais provável atrair bons clientes e afastar os oportunistas.

A certeza de que se está fazendo um bom trabalho é palpável quando os sonhos dos parceiros colaboradores caminham ao encontro com os sonhos da empresa. Com tudo alinhado, basta pavimentar a ponte e depois de atravessá-la, ambos seguirão na mesma direção.

ACADEMIAS DE SUCESSO

Nem sempre o colaborador é o único que gera motivos para deixar a empresa. O empresário também deixa sua parcela de contribuição e admitir isso não é vergonhoso.

Existe aquele colaborador cujos sonhos refletem uma urgência que a empresa não pode atender de imediato. Líderes precisam identificar isso, visto que não é nada legal ter na empresa um parceiro desgostoso, frustrado. A permanência desse profissional gera conflito...

A pessoa desgostosa deixa parte de seu trabalho para o outro, sempre acha que fez muito mais do que a sua parte e adora se armar para confusões que minam a boa energia do ambiente.

Numa academia, é fácil identificar os sintomas de colaboradores frustrados, que talvez por receio de solicitar o desligamento imediato, vão se permitindo ficar um pouco mais. Porém, os insatisfeitos deixam rastros evidentes. Confira como identificá-los:

- Chão molhado de suor, colocando em risco a segurança de quem caminha;
- Vestuário sujo;
- Embalagens de barra de cereal jogadas no chão;
- Lâmpada queimada sem providência;
- *Folders* espalhados na recepção;

- Postura errada dos alunos no treino;
- Treinador flertando com alunas;
- Recepcionista com expressão entediada;
- Colaboradores que cochicham ou cutucam o colega para avisar que o empresário está por perto;
- Bebedouro com problemas para gelar a água na temperatura ideal;
- Qualidade do som comprometida;
- Água da piscina turva, carente dos produtos de tratamento;
- No sistema, dados insuficientes do aluno;
- Carteira de clientes com treinos vencidos ou desatualizados;
- Colaboradores que evitam a escala aos sábados próximos dos feriados;
- Colaboradores que entregam o mínimo, não se doam aos colegas e tampouco aos clientes.

Esses são os sintomas básicos que permitem identificar o principal: quem está por trás da causa desses eventos.

Na outra ponta da balança, é dever empresarial tratar o colaborador com respeito e amizade, sem jamais deixar de lado as leis trabalhistas, fundamentais para proteger tanto o colaborador como a empresa em eventuais e futuros processos trabalhistas.

Nas academias, existe uma certa cultura despojada. É saudável que se tenha o melhor relacionamento, mas é direito do empresário e necessidade inegociável para estabelecer a ordem entre todos, que se exijam o controle de ponto atualizado e o cumprimento dos horários.

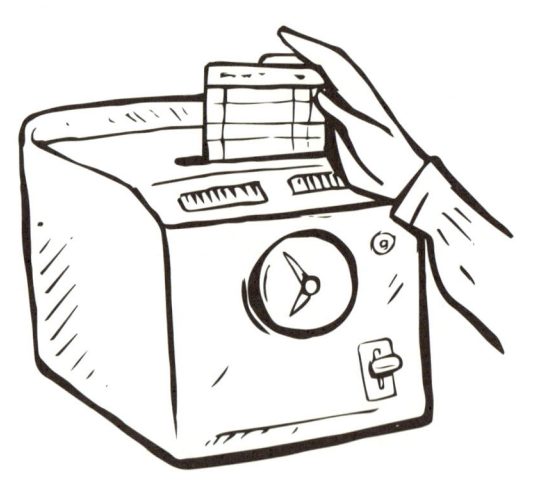

O treinador pode até pedir desculpas a quem o emprega, por ter chegado atrasado. Já o cliente que organizou a agenda para estar ali no horário combinado tem o direito de não desculpar a academia pelo desrespeito com o seu tempo. Sim, é isso mesmo. O cliente não fica chateado com o treinador. Ele transfere o aborrecimento, como não poderia deixar de ser, para a academia que recebe a sua mensalidade.

Isso significa que a demissão no setor de *fitness* deve ocorrer como em qualquer nicho, na hora certa, sem deixar para um hipotético e eterno amanhã no qual o colaborador possa melhorar, e levando-se em conta a importantíssima pontualidade, baliza dos clientes que aprenderam a fazer gestão do tempo e não toleram atraso alheio.

Quem não faz isso, nem precisa ter dúvidas e pode anotar um futuro previsível: o cliente vai demitir a academia na hora certa. E qual é a hora certa? **A dele**...

CAPÍTULO 8

Marketing digital

CAPÍTULO 8

São mais de 20 anos como empresário de academia e consegui resultados expressivos. Durante todo o período, enfrentei desafios, uns menores e outros de assustar. Na época das "coisas analógicas", com alguns ajustes e após estabelecer corretamente os indicadores da empresa, em pouco tempo estava tudo resolvido.

Adentramos na nova era do relacionamento B2C. Ou seja, "empresa com cliente" virou coisa do passado. Deu lugar ao relacionamento entre pessoas e pessoas, com tudo acontecendo muito rápido e acompanhando a dinâmica da informação que corre o mundo com alguns cliques.

ACADEMIAS DE SUCESSO

Antigamente, saíamos para jantar às cegas e no máximo, tínhamos a indicação de amigos ou críticos de gastronomia. A nova realidade abriu espaço para a tecnologia. Em tempo real, *Chefs* apresentam seus pratos mais disputados por meio da rede social.

Com uma pequena pesquisa nas minhas academias, descobri que 72% dos clientes tomam decisões a partir de informações que buscam no Google. Esse número é muito maior no mercado em geral, dado o número de brasileiros com acesso à internet, percentual que não tem outro caminho, senão subir.

Eu mesmo, como consumidor, pesquiso na internet restaurantes, hotéis e quaisquer informações que facilitem ganhar tempo e ser mais eficiente na escolha.

O segredo que explica o sucesso dos aplicativos de busca é simples: não temos todo o tempo do mundo para conhecer os melhores lugares. Procuramos obter preciosas informações de qualidade, economia e praticidade antes de tomar uma decisão.

Não é diferente para as academias. Cada vez mais, visitas e vendas espontâneas estão caindo no balcão e quando existem, o cliente tem total poder de decisão nas mãos.

Nem mesmo com muito treinamento, a equipe será capaz de obter os melhores resultados, se compararmos com os visitantes agendados ou que têm algum relacionamento "na casa".

Quero deixar claro que existem empresas bem posicionadas no mercado, e com certeza não sofrem tanto, pois fizeram por merecer esse lugar.

E você, que está começando ou vai iniciar um negócio?

Como se posicionar e ter as visitas qualificadas dentro desse mercado que oferece enorme quantidade de informação e publicidade?

Como ocupar um pequeno espaço na cabeça de seu futuro cliente?

Não sou guru de palco e nem especialista em *marketing* digital. Fiz uma grande quantidade de cursos e me relaciono com pessoas que possuem indisputável resultado nesse movimento.

Com alguns passos que aprendi e pratiquei ao longo desses anos, posso ajudar você a atingir mais rapidamente os resultados que demorei anos para conseguir.

Ciente de que o *marketing* digital revela um conjunto de informações e ações que podem ser feitas

ACADEMIAS DE SUCESSO

por diversos meios virtuais, com o objetivo de promover a academia, seus produtos e serviços, começaremos a entender o que é necessário para usar o recurso de forma efetiva.

Se temos consciência de que a dinâmica do novo mercado posiciona a antiga venda espontânea e presencial num resultado cada vez menor, a forma de pensar do empresário em relação ao modelo de vendas deve se parecer com a mentalidade do fazendeiro que passa mais tempo plantando e cuidando da colheita. Faz mais sentido do que o modelo da venda feita a qualquer custo, com a mentalidade de *pit bull* e todas as técnicas de persuasão. Não significa que o perfil *pit bull* alcance resultados pífios, e sim que há uma clássica diferença entre ambos.

A mentalidade mais agressiva passa pela sazonalidade e encontra um desafio maior para estabelecer relacionamento com os futuros clientes. Já o fazendeiro assume um planejamento bem feito, tem colheita e relacionamento o ano todo. A analogia, por si, resume o *marketing* digital...

Quando abri minha academia na garagem, tinha só um telefone e o meu *marketing* baseava-se em oferecer o melhor atendimento possível, ser o exemplo, passar o máximo de confiança e conhecimento aos meus amigos e clientes. Dessa forma, influenciava o ambiente e conseguia obter excelente número de alunos para o pequeno espaço de 100 m² que tinha disponível. Isso funcionou por muito tempo. Era o famoso estilo boca a boca, que na verdade seria boca a ouvido.

Com o avanço do tempo e dos negócios, os custos administrativos, tantas informações na cabeça do cliente e a chegada do *marketing* digital, esse modelo de comunicação "telefone e venda", um dia extremamente eficaz, está cada vez menor.

Na minha opinião, o *marketing* digital passou a ser o atual e digital boca-ouvido-olhos. Tudo que precisamos é aprender a lidar com a ferramenta de maneira extremante eficaz.

Há anos, impactava meus clientes por meio do conhecimento, dos anúncios em revistas, telefonemas ou consultas pessoais. O alcance era bom e os resultados, nem sempre positivos. O surgimento do *marketing* digital abriu janelas de comunicação em massa que facilitaram diversos formatos de informação, educação, entretenimento e divulgação para aproximar o futuro cliente.

Desde que se use a metodologia com respeito à privacidade de quem recebe o material, dosagem equilibrada de postagens e geração de conteúdo agregador, não existe motivo para abrir mão de tão poderosa ferramenta de venda.

O que existe, lamentavelmente, é empresário que se recusa a deixar o modelo analógico, o papel e o formulário, enquanto seu concorrente segue emparelhado com a corrida da informação digital, rica e rápida. Vivemos um momento peculiar, em que as opiniões dos treinadores, nutricionistas e médicos podem divergir e confundir. Por isso, não tenha dúvida de que os alunos amam a informação rica e rápida, facilitada pelo *marketing* digital, que possibilita entregar por vídeos, imagens e textos divulgados via e-mail, redes sociais ou aplicativos.

Aos empresários de *fitness* dispostos a direcionar investimento e pesquisa nesse setor digital, deixo a minha congratulação.

Aos que ainda preferem pensar melhor, arremesso uma reflexão: somente o panfleto impresso e atirado na garagem dos *prospects* vai trazer melhor resultado?

Se responder afirmativamente, o empresário vai provar que vive no passado e talvez, por isso, seja tão difícil alcançar o cliente, que vive em outro tempo e espaço.

CAPÍTULO 9

O chapéu que melhor
se encaixa no investidor

CAPÍTULO 9

Não aprecio obras perfeitas. Gosto mesmo é de gente da gente, de quem erra e assume. A minha vida não foi uma sequência ininterrupta de acertos. Embora não acumule arrependimento pelas decisões empresariais que tomei, aquelas que não foram as melhores devem ser narradas para que você, leitor, aproprie-se das mais assertivas escolhas para os seus negócios.

Uma dessas arrojadas decisões: comprar um prédio inteiro. E sob as óticas imobiliária e patrimonial, era um excelente negócio.

Comprei, reformei e quintupliquei o valor do imóvel. De outro modo, até que o investimento ganhasse envergadura e gerasse retorno, uma montanha de dinheiro, que poderia ter sido direcionada a outros investimentos, ficou parada. É aí que entra o conhecimento a ser deixado.

Quem é você como investidor e empreendedor? Qual é o chapéu que melhor se encaixa em suas decisões?

No momento de decidir se deve comprar ou alugar um imóvel, que pese o presente e o futuro.

No presente, que você responda se prefere ser investidor do setor de *fitness* ou do ramo imobiliário. Ao tomar a decisão, faça o que eu não fiz por falta do conhecimento que só hoje possuo. Calcule o impacto futuro da escolha, levando em conta investimentos diferenciados que faria, caso não empenhasse o dinheiro no imóvel.

A operação da academia deve ser abastada o suficiente para absorver aproximadamente de 12% a 16% da despesa fixa com aluguel (isso varia de acordo com o modelo de negócio, portanto considere os números para as academias tradicionais). Pensar como dono dos tijolos, da forma que acabei de demonstrar, não retrata a garantia do melhor investimento a quem está empreendendo em franquias ou expansão da rede.

O leitor mais atencioso e pesquisador poderá dizer, em contrariedade ao que acabei de alegar, que marcas consagradas quebraram porque a despesa de aluguel com as diversas unidades foi acumulada e ignorada, sendo que poderiam ter comprado alguns prédios.

A antecipada réplica que ofereço é elementar. Aluguel bem provisionado não quebra ninguém. O que fecha as portas é o modelo de negócio inadequado e as ações de ingerência, como indefinição de custo, margens e tributos.

Em nosso ramo, quem estabelece o valor da mensalidade na academia não é o empresário, tampouco o investidor-anjo. O mercado define.

Se amanhã decidirmos inaugurar uma unidade no interior de Minas Gerais, o mercado local é que vai determinar quanto custará ao aluno treinar conosco.

Numa região popular, como a periferia das grandes metrópoles, onde os concorrentes atuam com preços acessíveis, quem investe em academia deve pensar na renda familiar dos moradores antes de providenciar as instalações. Caso a pesquisa aponte que o valor da mensalidade pretendida ultrapassa 5% dessa renda conjunta, que se pense duas, três, dez vezes antes de erguer as portas. E responder isso vai ajudar muito:

O chapéu que melhor se encaixa em sua cabeça é o de empresário que vai atuar numa região de baixa renda?

Está ciente de que vai apresentar um plano anual por meio do cartão de crédito, por exemplo, e que o montante total desse plano pode ser igual ou maior que o próprio limite de crédito do cliente?

Talvez o investidor pense na ação de aceitar o "débito decorrente no cartão de crédito", recurso que as operadoras de cartão oferecem, dividindo o risco com o credor. Ocorre que se a pessoa não pagar a fatura, o credor também não recebe. É um labirinto financeiro...

Na manga, há um plano alternativo para proceder essa cobrança sem risco de inadimplência, ou vai permitir que a operação se dê por meio de formas de pagamento arriscadas, como cheque e boleto bancário?

São perguntas tão difíceis quanto a própria complexidade regional.

Desde que use a estratégia certa e cobre o valor coerente com a renda familiar, não existe nenhum problema. Agora, uma ação que vai na contramão do empreendedorismo com consciência social é estabelecer o negócio **ciente** de que vai trazer endividamento aos moradores da circunvizinhança.

Ainda que o empresário pense "desde que paguem não é problema meu", bem cedo será. A inadimplência é um carrasco impiedoso. O valor investido não vai retornar em curto, médio e tampouco longo prazo.

Digamos que o empresário tenha, com todos esses cuidados que mencionei, empatia e perfil para se estabelecer numa região de periferia. Nesse caso, a dica que deixo é equiparar o montante de cobrança ao que é praticado pelos concorrentes (de início) e ir ajustando, por excelência e diferenciação, até chegar ao que tem entregado de valor ao cliente.

O esquema inverso foi tentado por muitos aventureiros e nunca deu certo, porque o cliente até se propõe a pagar um preço inicial acima da média regional, imaginando que vai receber valor e serviço diferenciados. Quando esse cliente se percebe parte da minoria pagante de um negócio que não vingou e não atraiu grandes massas, ele também vai embora.

Empreender em regiões menos privilegiadas no que diz respeito aos rendimentos pode ser muito bom. Afinal, nem todos se dispõem a entender a complexidade de escolha desses consumidores. A dica final, para que você saiba se tem ou não esse perfil, é a seguinte:

ACADEMIAS DE SUCESSO

Na periferia, só vai pra frente quem gosta de gente. Num bairro de classe alta, embora não fique feliz com isso, o cliente até "tolera" que o dono da academia passe pelo salão principal de cabeça erguida, sem interagir. Mas o povo gosta de carinho e carisma. Agora, seja lá ou cá, um fato deve ser lembrado. Quem não gosta de gente, de se relacionar, de conhecer pessoas novas, talvez se encaixe melhor em empreendimentos que exijam menor lida com os semelhantes...

CAPÍTULO 10

Crescer sem números é romantismo sem pragmatismo

CAPÍTULO 10

John, personagem fictício e empresário de academia entra em cena para ilustrar exemplos clássicos do amadorismo. Fazendo planos para o ano seguinte e conversando com o seu braço-direito, Mark, estabelece o que pretende fazer.

— Mark, fechamos o ano com 1 milhão de faturamento. Para o ano seguinte, quero que a nossa academia cresça 10%.

Especialista em números, Mark o questiona.

— Você está de olho nesse exercício, chefe. Porém toda projeção precisa ser mais profunda. Por exemplo, você se lembra qual foi o nosso faturamento do ano retrasado?

ACADEMIAS DE SUCESSO

— Agora, de cabeça, não me lembro e pouco importa. O que eu quero mesmo é crescer 10% no próximo ano. Tem alguma coisa errada nisso, Mark?

— Pense bem, John. Sua estimativa de chegar a 1,1 milhão não considerou a inflação, o dissídio, os tributos, o aumento das despesas fixas, e você sequer se recorda da trajetória de faturamento. Só a nossa conta de luz saltou de 3 para 9 mil reais por conta da bandeira de cobrança. Peço desculpas pela franqueza, chefe. Como homem de confiança que é pago pra te fazer enxergar melhor, evidencio que não é bem assim que se faz esse cálculo. Em vez de crescer, vamos ter problemas de ajuste.

O chefe fica meio sem jeito, se sente amador e não sabe ao certo o que responder. Mark percebe o semblante constrangido de quem o emprega e resolve explicar com detalhes ainda maiores.

— John, sejamos práticos. Vamos equalizar a folha de pagamento, reduzir a projeção dos gastos, levantar os indicadores do ano vindouro, pesquisar o que fizemos de melhor, evitar as más escolhas dos exercícios anteriores e por último, fazer os investimentos certos. Essas e outras ações vão facilitar a estimativa de crescimento. Combinado?

Apertaram as mãos e Mark deixou a sala do chefe. Assim que saiu, John pensou:

ANDRE LAGO

Tirei a sorte grande ao contratar esse cara!

Personagens como o exemplificado John estão no mercado aos montes, quebrando a cabeça e os negócios.

O discurso de crescimento fica bem na festinha do fim de ano, enche os ouvidos e o coração da galera. Na prática, é tudo diferente. O mundo dos negócios não tolera amadorismo, poesia ou falácia. Cada número divulgado ao time deve ser pensado, calculado à exaustão e comparado aos exercícios anteriores, para não frustrar a equipe ou o próprio empreendedor.

Numa das crises pelas quais passou o país, especialistas políticos e diversos economistas estimaram um retrocesso de 5 anos no PIB. Peguei o planejamento do quinto ano anterior, sentei-me e alinhei o planejamento do ano que se anunciava com o passado de meia década, fazendo tudo para deixá-lo idêntico ou o mais próximo. Sem cortes drásticos, consegui reduzir quase 30% dentre despesas fixas, o que representou, na época, algo próximo a 34 mil (valores em reais).

O que e como você fez?

Deve ser a pergunta que acompanha o leitor. Aí vão as respostas:

- Negociei e liquidei parcelas de equipamentos, o que facilita a primeira dica: se o ano que vem pode ser difícil, comece eliminando dívidas e por isso, é imprescindível que administre bem o fluxo de caixa;

- Revisei os contratos de todos os serviços de terceiros, como os televisores usados em propagandas. Troquei ainda o profissional que fazia revisão no ar-condicionado. Eis a segunda lição. Exija revisão dos valores em relação aos fornecedores que são excelentes e demita aqueles que se mostrarem, por ocasião da averiguação, com preço e qualidade de serviço abaixo do esperado;

- Reduzi, sem traumas, a carga dos colaboradores remunerados por hora, depois de avaliar que ficavam ociosos em boa parte do tempo. Foi bom para eles, que ficaram contentes por liberarem algumas horas em que poderiam trabalhar de maneira personalizada para os seus alunos particulares. Dividi as horas de quatro profissionais cujos salários eram de alto valor, tornando-os mais versáteis e úteis ao grupo;

- No momento certo, desliguei duas pessoas da área administrativa que precisavam sair por conta daquilo que já expliquei em outro capítulo: às vezes, por razões benéficas à empresa ou aos profissionais, o processo de demissão é necessário. Contratei uma profissional que passou a entregar, com excelência, a mesma produtividade que as outras duas, por quaisquer razões, tinham deixado de atingir. E antes que você cogite a ideia de que essa pessoa tenha se sobrecarregado, esclareço que de maneira alguma.

Dentre contratos, equipamentos e folha de pagamento, atingi os mesmos números do custo de cinco exercícios anteriores e o principal: sem gerar perturbação e traumas aos clientes ou à estrutura operacional da *Just*.

Todas as ações que resultaram nesse case de redução de custos seguiram uma linha de estudos, negociações e antecipações a eventuais problemas advindos das decisões. Além disso, outra lição correlata precisa ser compartilhada.

Criar um case que estanque a sangria financeira é válido. Porém faculta ao empreendedor de *fitness* um cuidado especial com a outra ponta, o *marketing*; peça insubstituível do sucesso de uma academia.

ACADEMIAS DE SUCESSO

No mesmo ano que conseguimos retroceder a linha de custos, aumentamos os investimentos em *marketing* e, vale afirmar logo isso, antes que uma equivocada compreensão se mostre e o empresário passe o facão, cortando tudo e todos, inclusive os itens que geram conforto e segurança aos colaboradores e clientes.

Despesa é passível de avaliação. Corte, de questionamento. Demissão, de discussão. Contrato, de negociação. Dívidas, de amortização.

Entretanto, cortar aquilo que garante excelência operacional e estratégica é como cortar a própria carne: sem estancar a ferida, o negócio vai sangrar até o fim.

E para concluir: **crescer sem aferição precisa** é tão fácil quanto esperar que os feijões mágicos se desenvolvam até o céu. Funciona no entretenimento dos contos de fadas, mas não dá resultado na coisa séria que é empreender nos melhores negócios.

CAPÍTULO 11

Como contratar o melhor professor de educação física?

CAPÍTULO 11

Chegamos a acolher como colaboradores algumas pessoas indicadas que precisavam muito do trabalho e mesmo assim, não rendiam. E contratamos outras que não precisavam tanto da renda, mas decolaram.

Tecnicamente, não existe diferença. Seja qual for a origem e a formação educacional ou social, ambos rendem e ensinam o que deve ser ensinado. É no aspecto comportamental que a origem do profissional começa a fazer a diferença.

Por experiência, afirmo que uma regra interessante para a educação física é saber "de onde veio" a inspiração e os valores de quem pretende educar. O professor que aprendeu o valor da humildade está sempre disposto a pesquisar mais novidades e ser o melhor no quesito comportamento, diante do cliente e da equipe. Costuma ser mais gentil, atencioso, carismático, estudioso e detalhista. Um dos melhores professores da nossa rede carrega esse valor da humildade como norte e nunca se cansa de aprender. É o orgulho de sua família e da nossa, pois o temos como parte da família *Just*.

Já o professor que desconhece a humildade tem dificuldade de aprender e deixa a impressão de que sabe tudo. Vez ou outra, retrata alguém que ama o esporte e que adoraria ter a própria academia, porém o pai ainda não lhe deu. O irmão formou-se em medicina, o outro em engenharia, enquanto ele escolheu a área de *fitness*. Então, o professor começa a comparar a vida que escolheu com a dos amigos que viajam pelo mundo inteiro. Dos bastidores em que ainda está, enxerga o palco onde os amigos têm brilhado. E percebe que a sua opção, pelo menos até aquele momento, foi menos rentável.

Frustrado que está, pode tornar-se rude, descontar nos alunos e na academia.

O setor precisa mesmo é de pessoas que respeitam, focam, amam e procuram crescer com a profissão que escolheram.

A *Just* contratou uma profissional capacitada na área de coaching. Além de psicóloga, ela desenvolve e aplica os testes antes da contratação de novos colaboradores, levando em conta nosso Código de Cultura. E isso ajuda muito.

Em geral, as pessoas são contratadas por ordem técnica e não comportamental. E como mais de 85% são demitidas por ordem comportamental e não técnica, entendemos que a empresa deve ser uma "escola", lembrando que não existem pessoas certas ou "prontas" para o seu negócio, e sim treinadas para ele.

Ao buscar alunos da faculdade que poderão ser colaboradores *Just*, damos preferência ao aprendiz humilde, conquistador de boas notas, e temos ainda o cuidado de separar os perfis.

Nas entrevistas, com as perguntas técnicas, traçamos o perfil comportamental. Os treinadores mais energéticos, por exemplo, não podem dividir o mesmo espaço e caso você não saiba, numa análise positiva, a pessoa energética é ativa, dinâmica, prática, dotada de visão macro. Em contrapartida, é mandachuva, dominante e opressora, do tipo que descarta a opinião alheia, seja do cliente ou dos colegas. Duas pessoas com esse perfil trabalhando no mesmo espaço, pouco a pouco, colocarão todo mundo porta afora, desde os colaboradores até os clientes.

Isso nos remete a um tema que sustentei no início do livro, a previsibilidade. Na ocasião, mencionei tópicos de um negócio e agora, evidencio que é fundamental contar com alguma previsibilidade de comportamento.

Com relação ao professor que não ama a sua missão, se estiver frustrado e de péssimo humor, é impossível saber o que vai fazer e como vai tratar os colegas ou os clientes.

As maiores redes de televisão confiam em jornalistas e apresentadores que escolhem para os programas ao vivo. Sabem que existe previsibilidade e que os profissionais não surtarão diante de milhões de telespectadores. O mesmo deve acontecer na academia diante de dezenas ou centenas de alunos. Se o aparelho de som para de funcionar, esse professor frustrado não pode surtar. Imagine que ele tenha a seguinte reação:

— Não acredito. Como a academia pode fazer isso com a gente? Por que deixaram o som ficar tão velho a ponto de queimar?

Uma postura assim é letal.

O professor que ama a missão de se dedicar ao aluno terá uma reação bem diferente. Vai buscar o aparelho reservado para eventualidades, conectar o celular à caixa de som ou assumir qualquer ação que resolva o problema imediatamente. Essa é a típica previsibilidade comportamental com a qual todo empresário deve contar.

Em qualquer dependência da academia, o professor com atitude humilde será encontrado com um sorriso no rosto, uma solução sob o braço para o que vier, uma sugestão para melhorar o ambiente ou as aulas, e ouvidos atenciosos e neutros para a crítica.

Reside aí a razão do sucesso de algumas redes do segmento, que não optam por nenhum desses perfis. Oferecem o menor custo possível de mensalidade e deixam claro a todo instante que o aluno se exercitará sem orientação.

Não há nada de inidôneo no comportamento dessas empresas. É jogo limpo; o aluno paga pouco e usa bons equipamentos ao estilo *self-service*.

O prezado leitor tem o direito de questionar se a ação é a melhor, porém não pode negar que faz sucesso. Não cabe a nós, empresários, empreendedores e investidores do setor, questionar e julgar a escolha dessas empresas. Cabe ao cliente, no entanto, fazer três perguntas.

ACADEMIAS DE SUCESSO

Sem a instrução de um profissional competente, serei mesmo capaz de me responsabilizar pela postura ideal e os exercícios certos? Terei os resultados que tanto busco? O meu objetivo será alcançado com segurança, mesmo sem supervisão?

Se as respostas são sim, nada a discutir. O cliente encontrou um fornecedor de preço mais acessível e fez a sua opção. A nós, fica o papel inegociável de identificar, contratar, treinar e reter os melhores talentos da educação física.

Empresários inexperientes em contratação representam um baita perigo para o negócio. Vou dividir uma informação que vale ouro.

Contrate um profissional especialista em **contratação para o segmento.**

Uma agência que seleciona e recruta candidatos para qualquer nicho oferece preços módicos, enquanto a agência que se especializou em candidatos para o setor de *fitness* vai cobrar um pouco mais e afirmo que o investimento é válido.

Eu sei que é difícil pagar por esses serviços em academias "pequenas", e por isso desenvolvi o Goh! Gym on Hands. O objetivo é facilitar e proporcionar ao cliente a chance de ter uma competente agência de contratação nas mãos, com o custo mais baixo do que um programa de rádio para academias. É uma maneira de democratizar as informações e os acessos, para que os pequenos empresários "estejam pequenos" temporariamente, e não "sejam rotulados" como pequenos em definitivo. O ideal é que seja apenas uma fase e, com as ferramentas e informações corretas, o crescimento seja certo e garantido.

Tenho uma amiga que se tornou perita nesse formato de recursos humanos e preenche todas as funções de uma academia. Terceirizar, percebe-se, é um excelente recurso para o empresário que se assume incapaz de contratar com excelência. E a dificuldade maior vem a seguir.

No ato da entrevista, o candidato garante certos comportamentos positivos e na prática, talvez não seja nada disso. Uma quinzena depois, parece outra pessoa. Quem o contratou, por mais experiente que seja, não vai acompanhar o dia a dia, o que impõe novas perguntas:

Quem vai reforçar os valores da academia?

Quem vai mostrar como tudo funciona no operacional, que na *Just* batizamos como Código de Cultura?

Quem vai dar o direcionamento diário, conhecido como o bom e velho PDCA?

Não caia na armadilha de pedir que alguém faça a gentileza. Cabe ao dono ou ao seu administrador esse acompanhamento. Se não existe um manual com descrição de cargos e deveres, um mapa que facilite a direção, um caminho delineado, esse profissional recém-contratado vai precisar muito da força e do acompanhamento próximo de sua liderança.

Por melhor que tenha sido a admissão, contratar e largar a pessoa pelos corredores, deixar sob a responsabilidade dela os dois maiores patrimônios, alunos e colegas, é equivalente a comprar um veículo novo e soltar as mãos do volante. Por melhor que seja, o carro vai colidir...

CAPÍTULO 12

Como treinar o comportamento dos profissionais?

CAPÍTULO 12

Não importa a função definida no contrato de trabalho. Todos que estão dentro da academia são responsáveis pelo aluno. O copinho de água que caiu no chão e não foi retirado é da conta de todo mundo. E esse copinho serve como teste para avaliar se a equipe está treinada e coesa ou deseducada e desunida. Experimente jogá-lo no chão.

Opção 1) sem demora, qualquer pessoa passou, viu, recolheu e descartou;

Opção 2) uma pessoa passou, viu, recolheu e foi até a diretoria mostrar o objeto, a prova de "desleixo" da senhora que faz a faxina.

As opções dispensam explicações sobre qual time é treinado e unido. Transformar a segunda possibilidade em culpa é crueldade. De repente, a senhora responsável estava do outro lado quando o aluno distraidamente jogou o copo no lixo, que quicou e foi ao chão.

Precisamos de pessoas proativas, dispostas a resolver, em vez de gerar melindre ou fofoca. O jeito mais eficiente de educar esse time é o treinamento constante e nesse quesito, quem está à frente do negócio precisa tomar o cuidado de não misturar as funções.

O melhor empresário, empreendedor ou investidor talvez não tenha nenhum talento para treinar pessoas e ainda que possua, chega um certo instante em que a sua voz passa a ser familiar demais. Os colaboradores o respeitam, se propõem a ouvi-lo, porém não executam as determinações.

Entra aí a importância de trazer vozes, ideias e expertises diferentes. Gente que venha de fora, quem sabe até mesmo que não possua nenhuma relação com o segmento de *fitness*.

Não estou a propor que se dispensem os treinamentos voltados ao negócio e ao setor. Sugiro um reforço educacional de outras origens. O filósofo, o coach, o treinador comportamental ou o palestrante de áreas alheias pode inserir e enraizar na equipe a mensagem que o dono tenta, sem sucesso, transmitir há muito tempo.

O expediente diário continua com a relevância natural e deve ser bem observado. Em esquema de organograma, é mais fácil organizar os treinamentos mediante reuniões inteligentes, como fazemos na *Just*. A diretoria se reúne com os líderes, transmite conhecimento, necessidades e pede que esses as levem aos demais que compõem o time.

Tudo muito rápido, indolor e efetivo, bem diferente do cenário no qual as pessoas passam manhãs ou tardes inteiras confinadas em uma sala, sem encontrar qualquer solução.

O complemento dessas reuniões é o treinamento. Por acumular *know-how* de vendas, eu costumava treinar o meu time, sem deixar de trazer pessoas alheias ao negócio. Na *Just* Academia, já tivemos a presença de profissionais como Ricardo Buonanni, Rodrigo Arbex, André Menezes e Arthur Monteiro, e aproveito para agradecê-los pelo que fizeram por nosso time.

Vou sugerir um cuidado com esse treinamento feito pelo próprio dono do negócio, para que não dê a impressão contraditória, já que em outro trecho fui defensor da descentralização. Seguindo essa linha de pensamento, aos poucos estou delegando e me distanciando da operação que visa treinar a área comercial.

O ideal é que a academia funcione muito bem com a mínima participação do empresário. Na *Just*, já atingi a interessante marca autônoma de 80% e sigo trabalhando para aumentar o percentual de independência do negócio. É nisso que o empresário merece pensar...

O que fazer para delegar, pouco a pouco, operação por operação, até que o negócio caminhe com firmeza pelas próprias pernas.

Antes de prosseguir, um paradigma deve ser quebrado. Não é só o colaborador que precisa de educação empresarial. O treinamento é um grande recurso a quem empresaria, empreende ou investe.

Delegar não é fácil num país que forma crianças por meio de uma cultura centralizadora e burocrática. Todos nós que fomos educados no Brasil aprendemos a cultura das incontáveis filas que são, com certeza, responsabilidade de alguém que adora exercer algum poder sobre a ordem de tais filas. Por outro lado, ninguém disse, e não seria eu o primeiro, que é impossível.

O preço do sucesso é o treino. Pessoas e empresas destreinadas e despreparadas não têm outro destino, senão reforçar a cultura de fila e burocracia.

O treinamento é uma das chaves que abrem a porta do desapego. Inscreva-se em formações conectadas ao desenvolvimento humano e leia grandes obras sobre liderança, gestão e empreendedorismo. Além dos autores brasileiros que conhecem bem o nosso mercado, sugiro que a pesquisa alcance os autores europeus, asiáticos e norte-americanos.

Ao empresário, que fique a análise de investimentos, o planejamento estratégico do ano, as pesquisas setoriais, o acompanhamento da educação empresarial dos parceiros colaboradores e tudo que agregue valor ao negócio, pois quem investe em gente colhe evolução. E lembre-se de que o exemplo começa nos gestores.

ACADEMIAS DE SUCESSO

Equipes comandadas pelo gestor que jamais deixa a própria cadeira para sentar na cadeira de aluno serão resistentes a qualquer proposta de treinamento que surgir.

— Podemos marcar mais pra frente?

— Agora que o verão tá chegando e preciso preparar a academia para a lotação total?

— Não é melhor investir esse valor do treinamento em bônus para os alunos?

Basta lançar a ideia de treinar o time e argumentos como esses surgem de todos os lados. Se a gestão escutar as perguntas, pode assegurar três probabilidades.

1. A indisposição ao treino talvez seja reflexo do exemplo que o time não identifica na liderança principal;

2. Quando o machado se recusa a ser afiado, a hora de trocá-lo pode ter chegado (se é que me faço entender);

3. Equipe comprometida, em vez de solicitar que os treinamentos sejam adiados, bate na porta da liderança para solicitá-los.

CAPÍTULO 13

Transparência, a ferramenta que expulsa os poucos comprometidos

CAPÍTULO 13

Argumentei que o colaborador tem razão, ao reclamar de algo com problemas. Mas perde a razão ao espalhar o problema a todos que possam escutar, inclusive os clientes.

Se ele fez o certo, trouxe, de maneira discreta, o problema até a pessoa responsável pela resolução, deve ter assegurado o direito de saber quando e como será resolvido.

A cultura da transparência é uma obrigação da empresa que pretende ter o melhor clima organizacional. Depois de bem treinados, os membros da equipe merecem saber o que acontece.

Não é necessário revelar informações estratégicas, mas é pouco saudável esconder tudo da equipe. Quando as pessoas sabem o que e por que as coisas estão acontecendo, oferecem apoio imediato. Assim que descobrem uma omissão por desconfiança, sentem-se (com razão) excluídas.

Uma das academias que comprei estava falida. Por variadas razões, demiti quase todos e fiquei com 30% do quadro, depois de selecionar aqueles com perfil para atuar como colaborador da *Just*. Desses, 12% pediram para sair alguns dias mais tarde, desgostosos que ficaram ao serem apresentados, frente a frente, à cultura da transparência e da qualidade, que desconheciam na academia anterior.

Abri o jogo com a turma de *personal* que respondia pelos clientes externos à estrutura.

— Eu já atuei nessa área e para ser franco, não costumo ter o *personal* em minhas academias. Não faz parte da estrutura e da cultura. Porém sou um cara que se permite fazer experiências. Os clientes que vocês trazem geram a soma de 8 mil, valor interessante para a estrutura. Uma mão lava a outra. Vocês ajudam a empresa e serão ajudados por ela, mas sou adepto da transparência e vou ser sincero. Caso tragam problemas, vou preferir não ter essa soma no faturamento.

A princípio, todos concordaram. Não tardou para que os problemas começassem a eclodir.

Já experiente, aos poucos, fui reparando que um deles, por não ter conseguido lidar bem com a relação transparente, era o gerador de problemas.

Ora, não existe regra aplicável ao Luiz e flexível ao Robson. As cartas estavam sobre a mesa e todos deveriam jogar segundo o que tínhamos combinado.

No exército, se uma pessoa erra, todas pagam flexões. Na indústria, se um erra, o nome vai parar na imprensa ou nos sites de reclamação. Na área de serviços, se um erra, o contrato pode ser suspenso. No comércio varejista, o cliente vira as costas sem demora. No comércio atacadista, o cliente leva o volume de consumo até o concorrente. Na ONG, o altruísta leva sua contribuição a outro lugar. E finalmente, na academia, se um erra, todos os clientes podem ir embora.

Portanto, quem pensa que o erro individual não é "da conta" de todos precisa rever conceitos.

Numa manhã de sexta-feira, cheguei à academia, cumprimentei todos e fiquei sabendo que o ar-condicionado tinha parado de funcionar. Agradeci ao colaborador que me informou e prometi conserto imediato. Enquanto caminhava para o escritório, me deparei com o *personal* que estava contaminando os demais. Ele foi direto, agressivo, e usou um tom que tanto o cliente dele como os alunos escutaram.

— Andre, de novo o ar-condicionado quebrou. Essa porcaria não pode ser consertada de vez?

Entendeu agora por que tutelei a previsibilidade?

Eis aí o problema de reter profissionais externos. Não é regra. Conheço vários que são competentes e responsáveis. Ainda assim, é difícil que vistam a camisa e sejam tão proativos como o professor dedicado que mencionei.

De volta ao caso, respondi em tom conciliatório.

— O ar-condicionado quebrou hoje pela manhã. O técnico recebe mensalidade para fazer manutenção preventiva, mas o aparelho é importado e pode acontecer. Fique tranquilo, conheço a empresa e estou certo de que resolverão nas próximas horas.

O *personal* ficou constrangido. Quem sabe tenha imaginado que eu puxaria uma briga pública e em vez disso, recebeu uma resposta apaziguadora e eficiente. Não faria o menor sentido bater boca com o rapaz na frente de todos e essa frieza é outra característica que gestores devem desenvolver para evitar conflitos e seus efeitos colaterais.

No dia seguinte, vi uma cena que me despertou a atenção. Um aluno fazia o movimento errado. O professor da academia passou por ali, viu e deu a instrução correta. Assim que se retirou, esse *personal* causador foi até o mesmo aluno, desautorizou a instrução do experiente professor e deu outra, totalmente errada. Se o professor da academia tivesse errado e o *personal* externo acertado na instrução, eu chamaria o nosso professor e esclareceria tudo. Porém aquilo foi a última gota...

A academia antes falida já alcançara o empate. Pagamos as dívidas herdadas e o rumo dos bons resultados começava a aparecer no GPS.

A hora de arrancar a última raiz da desunião fora anunciada. É um momento que o gestor não pode e nem deve pensar duas vezes.

Se o profissional é polêmico, a decisão precisa alcançar o time. Chamei a equipe, esclareci e fui compreendido. Aliás, todos ficaram contra o *personal*, porque sabiam que ele tinha causado o desligamento de vários profissionais competentes. A transparência gera esse efeito poderoso de fazer a equipe indignar-se contra o que é errado e injusto.

Daí em diante o negócio evoluiu, os números se ajustaram e a academia, antes falida, se restabeleceu. A conclusão é que nem um profissional tem o direito de sequestrar a harmonia do ambiente.

Uma vez identificado, no instante correto e com transparência, que se chame a equipe para desligar esse sequestrador, porque negócio algum encontra triunfo ou se sustenta se tiver em seu núcleo uma bomba humana.

CAPÍTULO 14

O que e por que terceirizar, onde e como encontrar parceiros?

CAPÍTULO 14

Contratado como consultor, certa vez visitei um cliente, dono de uma pequena academia. A primeira coisa que me despertou atenção foi o uniforme da faxineira com a logomarca da empresa terceirizada, devidamente bordada no peito.

— A sua faxineira é terceirizada? – investiguei.

— Ah, sem dúvida. Assim, evito problemas. Ao sair daqui, caso ela decida colocar alguém na justiça, isso será entre ela e a empresa contratante.

A nova lei de fato diminuiu o risco para a empresa contratante do serviço terceirizado. Se o contrato está bem feito, o ideal é fazer uma boa pesquisa, buscar indicações da empresa terceirizada e cobrar os documentos que comprovam a regularização do contratado e de seus respectivos direitos (é melhor acompanhar do que ter uma surpresa).

A experiência com esse e tantos outros do setor mostrou um comportamento que embora não se deva generalizar, é comum. Há empresário que prefere terceirizar e tratar o colaborador como se fosse estranho, a tê-lo na própria folha de pagamento e tratá-lo como um parceiro de sua família empresarial.

A decisão de terceirizar deve ser restrita aos serviços prestados que exijam profundo conhecimento técnico. A manutenção de ar-condicionado é um exemplo clássico. Não há coerência alguma em manter um colaborador de carteira assinada para tal função. Mesmo que a academia seja de grande porte e tenha muitos aparelhos, um contrato bem analisado, resultado de pesquisa anterior e da cotação bem executada, é muito mais sábio do que treinar, reciclar e registrar técnicos de manutenção. O mesmo raciocínio se encaixa para encanamento, elétrica e manutenção de equipamentos.

Quanto aos serviços básicos, que podem ser exemplificados com os colaboradores das áreas de limpeza e estacionamento, investir na contratação direta é mais estratégico. Explicarei o motivo. O número de faxineiras dificilmente será grande o suficiente para justificar a terceirização (a exceção se dá para a grande rede e uma negociação inteligente, tendo em conta que o tempo e a despesa de pessoal para administrar, contratar, treinar e organizar esses setores seja maior do que terceirizar; e com o desenvolvimento do negócio, é possível saber qual será o melhor momento para isso).

É bem diferente, por exemplo, do que ocorre numa indústria, onde o galpão e o escritório demandam um grupo maior de colaboradores para que se mantenha tudo limpo, organizado e com eficiência.

No caso do manobrista, toda academia tem horários de maior movimentação e exceto por esses períodos, o profissional não terá tanto carro para zelar. O valor dessa terceirização só poderia ser justificado se a academia estivesse, por exemplo, no centro de uma grande metrópole. Mesmo numa rua de difícil acesso ou num prédio de vagas estreitas, seria mais válido contratar e treinar alguém de confiança, para fazer parte do time que há de acomodar os clientes.

Assim resolvida a questão "o que e por que terceirizar", chegamos ao outro assunto do capítulo que exige atenção; onde e como encontrar parceiros?

Na *Just*, com atenção ao que é diferente, com resultados impressionantes, chegamos até a montar laboratório de educação física em feira de ciências.

Em concessionárias, criamos programas para o cliente que leva o carro na revisão, com o slogan "enquanto você cuida do carro, nós cuidamos da sua saúde". Com o nosso biombo e os especialistas, lotamos muitos desses espaços.

Assim por diante, a criatividade empresarial jamais deveria encontrar limite e qualquer estabelecimento tem potencial para tornar-se parceiro. Basta usar o modelo que incida em ganho recíproco e justo.

Salões de estética geram resultados interessantes. No entanto, a maioria dos empresários de *fitness* comete um erro. Pedir que o responsável pelo lugar aceite colocar o *folder* ou o cartão da visita ao lado do caixa é um favor e nem todos os parceiros gostam de prestar favor. É mais justo oferecer *free pass* aos proprietários e colaboradores do salão. Nesse quesito, outro erro costuma ser cometido.

Oferecer 10% de desconto aos que se propõem a divulgar a academia é quase uma ofensa. Que se ofereçam alguns dias de degustação e se destaque alguém da área técnica, além de outra pessoa da área comercial, para que ambas fiquem responsáveis por esse *free pass*.

A parceira marcou e não compareceu? Alguém de vendas deve telefonar, ver o que aconteceu e remarcar.

A parceira passou pela recepção e se identificou? Algum treinador precisa vir ao seu encontro e acompanhar cada minuto de sua visita.

Salões têm fama de ambientes que não guardam segredo. A verdade é outra. Os profissionais ficam muito tempo com o cliente, têm espaço e intimidade para conversar. Os parceiros do salão vão espalhar a notícia de que estão frequentando uma academia que adoram, onde são muito bem recebidos. Essa indicação pessoal vai surtir tanto ou mais efeito do que o *folder* ao lado do caixa, porque se o cliente confia os cabelos, as unhas ou a depilação a esses profissionais, com certeza crê em suas indicações.

Do mesmo jeito que ajuda e reforça a presença da academia, o *free pass* também ajuda a enterrar o negócio e isso ocorre porque alguns empresários atendem o cliente que tem *free pass* de qualquer jeito, como "se não tivessem tempo a perder". Em nossas academias, a cada 10 pessoas que recebem *free pass*, no mínimo 8 fecham.

Deve-se entender que o cliente paga mensalidade. O futuro e possível cliente que recebeu uma cortesia para degustar a estrutura tem o mesmo peso e merece idêntica atenção.

Ao término do treino, tanto melhor se alguém da gerência puder saudar a pessoa que recebeu o *free pass*, com perguntas elementares que instiguem o *feedback*, até mesmo para saber se o cliente foi atendido da maneira que merece.

— Gostou de tudo?

— Todos te atenderam bem?

— Teve algum problema?

E, por fim, uma afirmação-convite.

ACADEMIAS DE SUCESSO

— Esperamos você amanhã, no mesmo horário!

São perguntas e afirmações ilustrativas. Com certeza, cada empresário pode criar as suas, segundo os valores de seu negócio.

Encantar o cliente como a Disney faz não é complicado. As pessoas é que dificultam ou não se propõem a prestar o melhor serviço.

O recado final é naturalidade e verdade. Empresários e colaboradores que primarem por esse modelo de atendimento necessitam fazer bem mais que o protocolo, para que fiquem distantes de qualquer sentimento de obrigação e próximos daquilo que todo cliente aprecia desde criança: a verdade por trás das perguntas.

Pensemos no personagem Marcondes, profissional de vendas da academia, incumbido de fazer as perguntas ao *prospect* que tem *free pass*.

Secretamente, Marcondes detesta essas "perguntinhas que o patrão exige" e só faz por obrigação. Nesse caso, imaginemos ainda que o *prospect* seja você, pessoa perfeitamente capaz de enxergar quem é sincero. Marcondes vai abrir um sorriso amarelo e tecer as perguntas.

— Gostou de tudo?

— Todos te atenderam bem?

— Teve algum problema?

E agora, de escritor para leitor, duas perguntas finais...

Como se sentiria?

Você voltaria no dia seguinte?

CAPÍTULO 15

Reconhecimento tem o efeito de bala perdida

CAPÍTULO 15

Como isso foi acontecer comigo?

Como eu me coloquei nesta situação?

A primeira indagação resume a sensação de quem se sente vítima e dispensa análises mais profundas. A segunda apresenta o confronto verdadeiro entre você e você, a hora da verdade que vai elucidar tudo.

Nos dois casos, a indesejada bala perdida penetrou a carne. A primeira é mais confortável, quase livre de dor, já que um cirurgião bem preparado, com instrumentos esterilizados, vai retirar o projétil. A segunda vai doer pra caramba.

Sem ninguém para socorrer, a pessoa terá que aquecer uma faca, enfiá-la no próprio corpo, sentir o cheiro da pele chamuscada pela lâmina quente e uivar de agonia até ver o pequeno fragmento de aço sendo retirado com torturante lentidão.

No início do livro, comentei o quanto adorava jogar futebol. Muitos anos mais tarde, participei de um treinamento que facilitou a revelação da grande verdade.

Além de apreciar muito o esporte, queria o reconhecimento do meu pai.

Todos diziam, como mencionei ainda no início, que ele jogava muito bem. Até os 6 anos de idade, ele tinha como acompanhar de perto o futebol que eu jogava. Depois disso, surgiram dificuldades de relacionamento com o sócio, e foi obrigado a buscar outros caminhos para manter o padrão e o patrimônio da família. Com isso, sobrava-lhe pouco ou nenhum tempo.

O meu ídolo não era este ou aquele jogador da famosa seleção brasileira de 1982. O meu pai era esse cara, a referência, o símbolo do reconhecimento que busquei, ainda que não soubesse disso. Estou abrindo o coração por um motivo protecionista, seguindo a mesma racionalidade que adotei antes.

Em certo momento, sob o efeito da bala perdida do reconhecimento, um contrato quase me quebrou e o leitor não precisa encarar tropeços semelhantes aos que enfrentei e venci.

— ANDRE LAGO —

Quase todos elogiavam a minha *performance* como jogador de futebol e a exceção mais dolorosa era o meu pai. Em vez do elogio, ele tinha uma frase meio que padronizada.

— Andre, se continuar assim, você não vai jogar bola nunca!

É óbvio que não fazia por maldade. Da maneira que aprendeu com os meus avós, ao seu perdoável estilo, queria me motivar. Além disso, ele nutria mágoa pelo futebol. No auge do talento e da condição física, descobriu-se diabético e por questões financeiras (naqueles tempos, a minha avó não era a favor do ingresso dele no futebol, pois considerava coisa de vagabundo) meu pai foi obrigado a deixar o esporte.

A bala perdida da necessidade do reconhecimento paterno me acertou, tornou-se inconsciente busca, com efeitos até mesmo na vida adulta, como empresário. E foi aí que o contrato perigoso surgiu.

O cenário era vitorioso e irrecusável. Com o escritório de 500m^2 instalado no bairro do Morumbi, em São Paulo, os oportunistas me apresentaram grandes "empresários" e tudo levava a crer que eu havia encontrado experientes parceiros para o futuro. Parecia uma grande oportunidade de crescimento e estava com dinheiro reservado para investir. Mas, quem era "o Andre" que fazia essa análise?

O mesmo que fora atingido, quando criança, pela bala perdida do reconhecimento e da aceitação não encontradas.

Assinei o documento que seria lucrativo apenas para a outra parte. Os proponentes foram profissionais. Contudo, não fui vítima...

De maneira inconsciente, imaginei que o acordo traria bom resultado e, por conseguinte, reconhecimento.

Enquanto isso, fui compartilhando informações estratégicas, como *mailing* dos clientes e estudos regionais. Os "sócios" sabiam tudo sobre o meu negócio, conheciam a vizinhança, o comportamento do mercado e tudo que seria suficiente para o domínio regional do setor.

Pouco tempo depois, é estabelecida uma academia com o propósito de quebrar a *Just*, numa distância de duas quadras, com sistema de funcionamento 24 horas.

Contrataram dois antigos colaboradores nossos e desenharam o futuro cenário que, segundo acreditavam, nos quebraria: eu estava com mais de meio milhão investido numa sociedade unilateral, queda de 40 % nas vendas e um concorrente fungando no cangote da *Just*.

Confiante na habilidade de transformar espaços falidos em empresas exitosas e tendo atuado como consultor de vários empresários, arregacei as mangas e parti para a guerra.

Nada me ensinou tanto quanto esse contrato mal fechado. Nada me transformou com tamanha grandiosidade. Estava no olho do furacão. As opções se resumiam a agir ou sucumbir.

Identifiquei e demiti todos os colaboradores que não acreditavam mais na *Just*. Enfrentei as altas despesas desses desligamentos. Recontratei os talentosos, contratei novas promessas de talento, criei ações para combater a queda de 40% nas vendas, cobrei as inadimplências passíveis de negociação e coloquei nas mãos da justiça aquelas cujos responsáveis não queriam pagar.

Tamanho esforço envolveu a minha direção ao lado de uma equipe fiel e não foi em vão. Durante quatro meses, a luta para manter a *Just* firme foi travada sem trégua, hesitação ou corpo mole, até que o resultado se fez valer.

Os administradores, por terem algumas informações privilegiadas, imaginaram que bastaria agir, mas a empresa que chegou disposta a nos quebrar e assumir os clientes da região quebrou e enquanto desabavam, enxergaram nosso restabelecimento.

Com a derrocada do concorrente, o desafio seguinte foi acomodar os seus alunos, que um dia chegaram para treinar, se depararam com a porta deles fechada e migraram para a *Just*, onde as portas sempre estão abertas.

Foi nesse instante que, no coração e na mente, o reconhecimento cedeu lugar para a gratidão e pude renascer.

Na jornada que resultou em toda a trajetória desde a garagem, estava faltando a gratidão. Transformei um negócio inicial de 11 mil reais numa potência de milhões que muitos tentaram derrubar e ninguém conseguiu.

A gratidão abriu a porta antes trancada pela necessidade de ser reconhecido.

"CONHEÇA O INIMIGO E A SI MESMO E OBTERÁ VITÓRIA SEM QUALQUER PERIGO; CONHEÇA O TERRENO E AS CONDIÇÕES DA NATUREZA, E VOCÊ SERÁ SEMPRE VITORIOSO."

Assim disse, na admirável obra "A Arte da Guerra", Sun Tzu. Depois dessa experiência que enfrentamos, a afirmação nunca fez tanto sentido.

O meu pai deixou muitos motivos para que eu fosse grato. Bastou a análise profunda e uma imersão ao inconsciente para retirar, definitivamente, a bala perdida e cicatrizá-la com a sutura da gratidão.

A mensagem desse penúltimo capítulo é dedicada a você que sente essa mesma trajetória do projétil perdido a te perseguir. Peço sua permissão para vasculhar uma informação e propor a reavaliação:

O reconhecimento é a procura por algo aparente, que porventura não existiu.

A gratidão é a certeza de algo que aconteceu, marcou e felicitou.

Troque, portanto, um pelo outro. Se essa bala perdida te achou, tenha calma. Desde que seja retirada e cicatrizada, a sua vida e os seus negócios não correm risco algum.

CAPÍTULO 16

Gratidão não se treina

ACADEMIAS DE SUCESSO

Essas pessoas ainda não se transformaram e estão reféns daquilo que a política e as leis podem gerar, razão pela qual ainda temos um país tão complexo e desigual.

Como empreendedor, empresário e investidor, precisei encarar os mistérios do inconsciente até descobrir que não sentia o reconhecimento paterno.

Lutei contra gigantes que tentaram sangrar o modelo de negócio da *Just* e me reinventei depois de quase perder a vida.

Enfrentei os contratempos, previstos ou não – por mais previsibilidade que se invista, sempre pode surgir algo surpreendente – para quem investe no modelo nacional de negócios.

Tudo isso está interligado e foi mais significativo do que as formações acadêmicas. A graduação em minha vida instruiu e validou esforços de pesquisa teórica. Já a verdadeira educação, praticada ao sabor das batalhas internas e externas, é que realmente transformou a minha essência até apresentar o elemento mágico, sem o qual nenhum ser humano poderá viver em paz: a gratidão.

Singer, outra vez perito na análise da natureza humana, eternizou mais um pensamento que escolhi para concluir a obra.

— Viva com pessoas que cobram mais de você do que você mesmo! – desafiou.

ANDRE LAGO

E como *coach* de vários CEO's, Singer traz a análise das análises:

— O CEO cobra resultados de todo mundo. E quem cobra do CEO? Se a pessoa não presta contas a ninguém, como irá crescer? Quem se oporia ao pensamento dele?

Outra vez sem generalizar, a luta é um bom e análogo exemplo. Enquanto o atleta defende a faixa marrom, o combate travado é bem mais emocionante e audacioso porque o seu anseio é a faixa preta. Com a conquista da faixa preta, monotonia, conservadorismo e autopreservação passam a ser as características de suas lutas.

Difícil mesmo é encontrar pessoas dispostas à superação dos próprios recordes e por isso nos chama tanta atenção quando determinado atleta atinge o feito.

E no território corporativo, nos negócios, nos empreendimentos?

Qual é a referência a ser usada pela pessoa que está no comando do negócio?

Os anos anteriores ajudam como referencial, mas como trabalhamos num mercado sazonal, o "melhor resultado" do ano anterior talvez pudesse ter sido melhor, a depender das escolhas, análises e comportamentos.

ACADEMIAS DE SUCESSO

O equilíbrio entre vida pessoal e profissional ganhou a nova análise de ser "uma coisa só", regida pela gratidão de tudo que foi conquistado numa e noutra.

Proponho essa serenidade aos amigos que vivem a pressão dos negócios. Que deixem de buscar diferenças entre pessoal e profissional para viver a profundidade de **um** sonho.

"Quem vive em busca de um sonho na carreira, sem enxergar a vida pessoal, mesmo que vença, o fará sozinho, pois terá, quem sabe, abandonado aos seus. E quem vive o sonho de uma família feliz ao custo de colocar a carreira em risco, na base do foda-se, talvez encontre a mesma dificuldade"

Faço meditação e de alguma maneira, sou treinado por alguém todos os dias: por leitura, vídeo, informação midiática, troca de experiência empresarial ou uma breve conversa com os filhos e a esposa.

Recomendo a prática e desaprovo o hábito empresarial de se bastar, de não aceitar propostas novas, de achar que sabe tudo.

Depois que entendi quem sou, aceitei que qualquer situação indesejada não chega sem passaporte. Essa situação vem de algum lugar e eu bati o carimbo de permissão para que aportasse em minha vida. De alguma maneira, atraí e aceitei...

Hoje, grato por tudo que construí e pelas pessoas que inspiraram cada conquista, compreendo que ter gratidão é a chave. Não da boca para fora ou porque a palavra "gratidão" é bonita, e sim porque faz sentido.

O que aprendi de mais significativo na vida foi o trauma e a paz.

O trauma de quase perder a vida e o negócio que construí.

A paz de encontrar a gratidão nas pequenas e grandes coisas, de desacelerar, curtir a família, os amigos e colaboradores.

A gratidão é o elo que previne o maior de todos os erros, o menor de todos os acertos: sem gratidão verdadeira, tudo e todos passam a ser rotina. E não faz sentido algum tratar as pessoas mais valorosas no "modo rotina".

Ao longo da obra, tive a cautela de não oferecer segredos disso, dicas de ouro daquilo e agora que estamos prestes a nos despedir, peço a sua permissão para deixar alguns lembretes que deveriam constar no dia a dia de qualquer pessoa disposta a empreender, investir e procurar um espaço empresarial no congestionado mercado que funciona como coração de mãe; e de fato, sempre cabe mais um.

- Ainda que precise refazer o seu negócio inteiro, como fiz por ocasião do ataque desferido pelo concorrente, confie integralmente em si e conte com as pessoas que identificar como capazes de ajudar;

- Mantenha a confiança nos semelhantes. Se uma pessoa, certo dia, te enganou e você atua com justiça, tenha certeza de que outras cem se aproximarão com honestidade;
- Não seja cabeça-dura. Disponha-se a escutar as ideias do frentista com a mesma disposição que se propõe a ouvir os especialistas. Os dois têm o mesmo potencial criativo. Além disso, o frentista quase sempre conhece um pouco da sua realidade e o especialista trabalha com informação baseada em cálculo e média, mas nem sabe o que acontece no seu dia a dia;
- Não alimente rancor. Sem as pessoas que me geraram prejuízo, não teria como praticar ou ensinar conceitos de lucratividade e longevidade empresarial. Sou grato e se eu soubesse por onde andam, enviaria uma caixa do melhor espumante à sua residência;
- A luta não termina até que eu vença. Esse é o meu código de honra. Estabeleça o seu e viva de acordo com ele;
- A vida empresarial é dura e difícil de ser conciliada. Debaixo do teto que testemunha o amor escolhido por você, ainda que

as opiniões divirjam, não durma "brigado". Em casa, temos esse trato prévio. Se uma polêmica invadir a nossa noite, antes do sono, trocamos um abraço e dormimos em paz;

- Lembre-se de que é melhor não começar nada do que estabelecer um negócio cujo propósito único seja dinheiro;
- Na *Just*, carregamos alguns valores e regras para o desempenho desses valores. Abrindo a nossa casa para você que nos lê, vou dividir aquele que é o mais forte e capaz de inspirar: nunca abandone um companheiro em necessidade, perigo ou dificuldade;
- Nada menos estratégico do que chegar à empresa e pensar, in loco, o que fazer naquele dia. Aquilo que está planejado para o dia deve ser executado durante o dia e não exportado para o lar, à noite. Da mesma forma, planeje o dia seguinte antes de deixar o escritório e procure cumprir, o mais próximo possível, esse planejamento;
- Gratidão não se treina. A educação empresarial que sugeri em diversas ocasiões se aplica às competências, habilidades e atitudes. A gratidão só pode ser **sentida** e é isso que a torna tão mágica, rica e única. Não agradeça somente pelas grandes con-

quistas. Muita "coisa miúda" acontece no entorno profissional e passa despercebida, como enxergar, escutar e sentir aquilo que as pessoas próximas nos oferecem;

- O guerreiro está sempre disposto a fazer o que é mais difícil porque antes de **ter**, ele quer **ser** a pessoa que vai desbravar, lutar e vencer. Num país vampirizado pela corrupção e atormentado pelos impostos, resta pouco espaço ao ser humano que prefere não ser guerreiro;

- Faça as suas contribuições sociais. Nós fazemos um trabalho forte com orfanato, doamos muita coisa, mas o foco é ensinar e não dar. Nas festas deles, volto a ser criança, rolo no chão com a molecada. As pessoas necessitadas querem apoio, aproximação, carinho e direcionamento. Se no lugar disso, receberem tudo "dado", perderão a aptidão natural. Certo dia, depois de uma dessas festas, Renata me alertou que eu não brincava com os nossos filhos daquela maneira, totalmente entregue, há um bom tempo. Foi marcante para que eu revisasse tudo e evoluísse como pai. A lição serviu para mostrar que quem doa amor aos mais distantes, aprende e evolui para doar amor aos mais próximos;

- Chefe só existe um, o cliente, que nem sempre está certo. Atenda com eficiência, encante cada um deles, porém zele por sua equipe. Proteja-a daquela figura que alega ser cliente e no fundo, tenta pisar em qualquer pessoa que lhe presta serviços;
- E por último, saiba que você não está só. A solidão tem o mesmo poder de um mar tempestuoso e por isso, faz da vida dos empresários, empreendedores e investidores um constante maremoto. Ralar, dar o melhor de si e sentir-se só, ainda que esteja cercado de pessoas amadas, não é um problema emocional, mas fruto da pressão. Conte com a tecnologia, delegue o que puder e viva os melhores momentos ao lado da família. Aliás, a dica das dicas, a lição das lições, reservei para as relações familiares dos profissionais de negócios. O fato de a família não se queixar por nada e silenciar diante da sua ausência não quer dizer que aceite ou esteja feliz. Esse doloroso silêncio é um apelo que se tivesse voz, seria "você conquistou tudo ao preço de afastar todos nós".

Em cada página, procurei dar o melhor de mim e validar caminhos emocionais, comportamentais ou empresariais, para evitar que as pessoas se deparassem com esse silêncio...

Espero que consiga se posicionar muito bem no complexo mercado brasileiro e agora, quero saber o que você pensou, quais lições tirou e como pretende colocar em prática. A agenda impossibilita retorno imediato, mas asseguro que vou responder. Ou, caso necessite de um mentor e um coach empresarial, pode usar o mesmo endereço de e-mail. Afinal, tudo que enfrentei está enfrentado e vencido. Talvez seja mais fácil para você importar esse conhecimento em detalhes do que bater cabeça por aí.

Aí vai o meu contato:

maestria@academiasdesucesso.com.br

Muito obrigado por sua atenção e até o próximo livro!